INTUITION ET ABSTRACTION

Translatio
Philosophies Médiévales

Guillaume d'OCKHAM

INTUITION ET ABSTRACTION

Textes introduits, traduits et annotés
par
David PICHÉ

PARIS
LIBRAIRIE PHILOSOPHIQUE J. VRIN
6, Place de la Sorbonne, Vᵉ
2005

Les textes latins de Guillaume d'Ockham sont extraits de
Guillaume d'Ockham, *Opera theologica*, 10 vol.
© St. Bonaventure, New York, Franciscan Institute, 1967-1984

- *Ordinatio, Prologus, Quaestio* 1 : pp. 5-7, 15-17, 21-41, 43-44, 52-57, 60-61, 63-65, 67, 69-72 *in* OT I ;
- *Ordinatio, Distinctio* 3, *Quaestio* 6 : pp. 483, 492-496, 521 *in* OT II ;
- *Reportatio* II, *Quaestiones* 12-13 : pp. 256-267, 276-277, 281-282, 284-289, 291 *in* OT V ;
- *Reportatio* II, *Quaestio* 14 : pp. 316-319, 321, 322, 327-328, 333-337, *in* OT VII ;
- *Quaestiones variae, Quaestio* 5 : pp. 155, 158-161, 170-175, 180-183, 188-191 *in* OT VIII ;
- *Quodlibet* I, *Quaestio* 13 : p. 72-78 *in* OT IX ;
- *Quodlibet* I, *Quaestio* 14 : p. 78-79, 82 *in* OT IX ;
- *Quodlibet* I, *Quaestio* 15 : p. 83-86 *in* OT IX ;
- *Quodlibet* V, *Quaestio* 5 : p. 495-500 *in* OT IX ;
- *Quodlibet* VI, *Quaestio* 6 : p. 604-607 *in* OT IX ;
- *Quaestiones in libros Physicorum Aristotelis, Quaestio* 7 : pp. 410-412, *in* OT VI.

© *Librairie Philosophique J. VRIN*, 2005
Imprimé en France
ISBN 2-7116-1806-4

www.vrin.fr

À ma mère,
qui a toujours été et demeure pour moi
un modèle de vie consacrée à l'intériorité.

REMERCIEMENTS

Je tiens à remercier vivement Stephen Brown pour sa générosité à mon égard et pour avoir partagé avec moi son inestimable expérience de médiéviste, lors de mon séjour de recherches au *Boston College Institute of Medieval Philosophy and Theology*, dont il est le directeur.

Mes remerciements vont également à Claude Panaccio, dont les commentaires pertinents, les remarques éclairantes et les critiques judicieuses ont permis d'améliorer sensiblement cet ouvrage. Enfin, j'exprime ma gratitude envers le Fonds québécois de la recherche sur la société et la culture (FQRSC), dont le soutien financier a permis de mener à bien les recherches dont ce livre est le résultat.

INTRODUCTION

Le philosophe et théologien franciscain Guillaume d'Ockham (v. 1285-1347) est passé à la postérité comme étant l'homme du rasoir, celui qui appliqua de manière systématique et radicale le principe stipulant que les entités ne doivent pas être multipliées sans nécessité. Il a été aussi et demeure encore celui qui porte le titre ambigu de *Venerabilis inceptor* : digne de respect, en effet, ce maître incontestable de la pensée analytique, rigoureuse et précise, ce grand logicien qui, pourtant, ne se vit jamais octroyer la maîtrise en théologie et resta ainsi confiné toute sa vie au rang de « débutant » ; digne de respect, en un autre sens, cet « initiateur » d'une nouvelle façon de philosopher qui consiste à repositionner les problèmes sur le plan de l'analyse logico-sémantique. Ce qui est moins connu toutefois, du moins en dehors du cercle des spécialistes du Moyen Âge philosophique, c'est le fait que ce singulier penseur ait bâti une théorie de la connaissance qui a pour principe la causalité naturelle exercée sur les sens par les choses du monde et pour fin la vérité des jugements d'existence énoncés par l'intellect. La pierre angulaire de cet édifice théorique est la notion de « *duplex notitia incomplexa* », la dualité de connaissances incomplexes que constituent l'intuition et l'abstraction. C'est sur ce thème que porte la présente étude. C'est lui qui forme la matière explicite des textes que

nous avons traduits ici à l'intention de tous ceux que la gnoséologie d'Ockham intéresse mais qui ne sont pas latinistes [1].

UN THÈME EN CONTEXTE THÉOLOGIQUE

Pour parvenir à une compréhension adéquate et à une
juste appréciation des notions ockhamiennes d'intuition et
d'abstraction, il importe avant tout de déterminer les problèmes que Guillaume lui-même a voulu traiter à l'aide de
ces outils conceptuels. Pour ce faire, il faut mettre au jour les
contextes théoriques précis dans lesquels notre auteur les fait
intervenir. Outre les *Quodlibeta*, qui sont de toute première
importance relativement au thème qui nous intéresse ici [2], on
trouve deux blocs textuels majeurs dans l'œuvre d'Ockham où

---

1. Si l'on parle précisément de la théorie de la connaissance d'Ockham,
seuls deux courts extraits – l'un tiré de la première question du prologue de son
Commentaire au premier livre des Sentences, l'autre tiré de la question sept de
ses *Questions sur la Physique* – ont déjà été traduits en français par A. de Libera
dans *Philosophes et philosophie. Des origines à Leibniz*, t. 1, « Anthologie
chronologique », B. Morichère (dir.), Paris, Nathan, 1992, p. 271-275.

Notre traduction a été faite sur l'édition critique de l'Institut franciscain
de St. Bonaventure : *Guillelmi de Ockham Opera philosophica et theologica*,
St. Bonaventure, New York, 1967-1986.

2. On peut raisonnablement penser que les questions discutées par Ockham
dans les *Quodlibeta* (du moins celles qui relèvent du thème que nous étudions
présentement) font écho à des objections que des contemporains ont formulées
à l'endroit de certaines thèses fortes de la première question du *Prologue* de son
Commentaire aux Sentences, par exemple les thèses du singulier comme
premier objet connu par l'intellect, de la distinction entre *notitia* intuitive
et *notitia* abstractive, de la possibilité pour l'intellect humain de connaître
intuitivement tant ses propres actes que les choses sensibles extra-mentales et
de la possibilité d'une intuition d'un objet non-existant. Ces thèses sont mises
en questions dans les *Quodlibeta* suivants : *Quodlibet* I, *quaestiones* 13-15,
Quodlibet V, *quaestio* 5, *Quodlibet* VI, *quaestio* 6, dans *Opera theologica* IX,
J.C. Wey (éd.), St. Bonaventure (New York), Franciscan Institute, 1980,
p. 72-86, p. 495-500 et p. 604-607.

celui-ci élabore le concept d'une double *notitia* (ou *cognitio*) incomplexe, *intuitiva* et *abstractiva* : la vaste première question du *Prologus* de l'*Ordinatio*[1] (où ce concept reçoit les développements les plus amples et approfondis) et les questions douze à quatorze de la *Reportatio* du *Commentaire au second livre des Sentences*[2]. Dans le premier cas, le problème que Guillaume affronte est celui de l'évidence des vérités théologiques pour l'intellect de l'homme ici-bas (*intellectus viatoris*); dans le second cas, le questionnement d'Ockham porte explicitement sur les modes et les sources de la connaissance angélique[3]. Inutile par conséquent de chercher un quelconque *Tractatus de cognitione humana* sous la plume du *Venerabilis inceptor*. Les notions de connaissances intuitive et abstractive sont forgées et développées par Ockham dans le cadre de discussions théologiques et visent avant tout la résolution de

1. Guillaume d'Ockham, *Scriptum in librum primum Sententiarum. Ordinatio, Prologus, quaestio* 1, dans *Opera theologica* I, G. Gál et S. Brown (éd.), St. Bonaventure (New York), Franciscan Institute, 1967, p. 3-75.

2. Guillaume d'Ockham, *Quaestiones in librum secundum Sententiarum (Reportatio), quaestiones* 12-14, dans *Opera theologica* V, G. Gál et R. Wood (éd.), St. Bonaventure (New York), Franciscan Institute, 1981, p. 251-337.

3. Outre les textes cités aux notes précédentes, quatre autres lieux textuels sont pertinents au regard du thème que nous étudions présentement : *Ordinatio*, d. 3, q. 6, dans *Opera theologica* II, S. Brown et G. Gál (éd.), St. Bonaventure (New York), Franciscan Institute, 1970, p. 483-521 (« Si la connaissance intuitive du singulier est la première connaissance de l'intellect selon la primauté d'engendrement »); *Quaestiones in librum quartum Sententiarum (Reportatio), quaestio* 14, dans *Opera theologica* VII, R. Wood, G. Gál et R. Green (éd.), St. Bonaventure (New York), Franciscan Institute, 1984, p. 278-317 (« Si l'âme séparée a une mémoire tant actuelle qu'habituelle de ces réalités qu'elle a connues lorsqu'elle était conjointe »); *Quaestiones variae, quaestio* 5, dans *Opera theologica* VIII, G.I. Etzkorn, F.E. Kelley et J.C. Wey (éd.), St. Bonaventure (New York), Franciscan Institute, 1984, p. 155-191 (« Si l'intellect angélique ou humain se trouve à être actif par rapport au fait de causer une intellection »); *Quaestiones in libros Physicorum Aristotelis, quaestiones* 1-7, dans *Opera philosophica* VI, S. Brown (éd.), St. Bonaventure (New York), Franciscan Institute, 1984, p. 397-412 (« Relativement au thème du concept »).

problèmes de théologie. La gnoséologie est un moyen et non une fin pour Ockham : elle est un instrument *philosophique* qu'il utilise pour résoudre des problèmes *théologiques*. D'où notre première remarque : devront en rabattre ceux qui espèrent trouver dans l'œuvre d'Ockham une gnoséologie autonome ou, en d'autres termes, une théorie philosophique de la connaissance élaborée pour elle-même. Rien de tel chez le *Venerabilis inceptor* qui est principalement intéressé par la mise en œuvre d'une analyse logico-linguistique rigoureuse qu'il applique à divers dispositifs discursifs à prétention scientifique, tout spécialement à la théologie, afin d'en comprendre la teneur et le fonctionnement. Bien sûr, nous pouvons quand même faire le choix heuristique d'abstraire des textes d'Ockham ce qui concerne l'étude de la connaissance humaine et d'isoler ainsi un ensemble théoriquement consistant de thèses gnoséologiques que nous soumettrons à l'évaluation et au questionnement philosophiques – ce que nous ferons d'ailleurs par la suite. Par contre, en vertu de la perspective historique qui est la nôtre, il nous semble totalement injustifié de reprocher à la pensée ockhamienne ses prétendues lacunes à chaque fois qu'elle n'arrive pas à répondre à ce que *nous* demandons *aujourd'hui* à une gnoséologie digne de ce nom.

Tel que nous l'avons signalé plus haut, le cadre théorique que privilégie Ockham pour traiter le thème des connaissances intuitive et abstractive est celui d'une réflexion sur l'évidence des vérités théologiques. Il est par conséquent essentiel de nous arrêter d'abord à cette notion d'évidence. Pour notre théologien franciscain, la connaissance d'une proposition vraie est dite évidente si la connaissance incomplexe intellective des termes qui composent le complexe propositionnel constitue (ou est apte à constituer) la cause suffisante, médiate ou immédiate, de l'assentiment que l'intellect accorde à cette

proposition[1]. C'est donc en termes de causalité (et corrélativement en termes de présupposition) que le *Venerabilis inceptor* pense le rapport qui s'établit entre les trois actes cognitifs qu'il prend soin, par ailleurs, de distinguer nettement : 1) la saisie des termes (ou des choses singulières signifiées par ceux-ci)[2] est cause de 2) la formation d'une proposition qui à son tour cause 3) l'acte judicatif qui la prend pour objet[3]. Mais cette définition de la connaissance évidente ne suffit pas : il faut savoir en outre de quelle nature est la proposition considérée, c'est-à-dire contingente ou nécessaire, afin de déterminer conséquemment le type d'appréhension intellective des

1. Cf. *Ordinatio*, Prol., q. 1, *OTh* I, p. 5-6. Notons qu'il y a synonymie chez Ockham entre les noms « *assensus* » (ou son contraire, « *dissensus* », dans le cas d'une proposition fausse) et « *iudicium* », ainsi qu'entre les verbes « *assentire* » (ou « *dissentire* ») et « *iudicare* ». En outre, pour parler du jugement évident que l'intellect porte à l'endroit d'une proposition, Ockham emploie aussi bien « *assensus evidens* » (verbalement : « *assentire evidenter* ») que « *cognitio evidens* » ou « *notitia evidens* » (verbalement : « *cognoscere evidenter* » ou « *scire evidenter* »).

2. En accord avec la pensée définitive d'Ockham à ce sujet, et s'agissant du langage mental, nous comprenons la connaissance incomplexe d'un terme comme étant l'acte intellectif anté-propositionnel par lequel une ou plusieurs chose(s) singulière(s) est (sont) connue(s) ou encore, ce qui revient au même, l'acte cognitif anté-propositionnel qui est directement ou indirectement causé dans l'intellect par une chose singulière. Le terme qu'appréhende l'intellect est à la fois le composant ultime en lequel se résout l'analyse logique du langage et l'acte incomplexe de connaissance par lequel l'intellect fait directement signe vers une (ou plusieurs) chose(s) singulière(s). « *Circa materiam de conceptu* » (pour employer l'expression d'Ockham lui-même), cf. *Quaest. Physic.*, q. 1-7, *OPh* VI, p. 397-412. Dans cette étude, nous ne développerons pas pour elle-même la pensée ockhamienne concernant le statut noétique du concept (*esse obiectivum* ou *actus*) et le langage mental. Nous renvoyons le lecteur aux études de Cl. Panaccio citées en bibliographie.

3. Cf. *Ordinatio*, Prol., q. 1, *OTh* I, p. 16-22 (*Distinctiones praeviae, conclusiones prima et secunda*), p. 57-60 (*Ad primum et secundum*) et p. 69-70 (*Ad sextum*); *Quaest. variae*, q. 5, *OTh* VIII, p. 171-174; *Quodlibet* V, q. 6, *OTh* IX, p. 500-503.

termes qui est requis pour qu'il puisse y avoir évidence. En effet, si des connaissances incomplexes abstractives peuvent suffire à causer l'assentiment évident à une proposition nécessaire, elles sont toutefois impuissantes à causer l'assentiment évident à une proposition contingente : dans ce dernier cas, un autre type de *notitiae* intellectives incomplexes est exigé, à savoir, précisément, l'intuitif[1]. Ainsi, lorsque le jugement de l'intellect porte sur une proposition contingente conjuguée au présent, il sera évident si et seulement si l'intellect appréhende *intuitivement* les termes (ou les choses singulières pour lesquelles supposent les termes) de ladite proposition. Sur le plan gnoséologique, cela s'explique, selon Ockham, par le fait que la connaissance intuitive est *naturellement* causée dans l'âme par la chose singulière actuellement présente qui en est l'objet[2]. C'est pourquoi Ockham peut conclure que l'évidence est un cas de figure plutôt rare en théologie. En effet, *primo*, l'intellect de l'homme ici-bas n'a pas de connaissance

1. La connaissance évidente des propositions nécessaires qui dérivent de l'expérience repose également, en dernière instance, sur des connaissances intuitives incomplexes. Ainsi, deux causes sont requises pour produire l'assentiment évident à une proposition expérimentale universelle telle que « toute herbe de cette espèce est curative de tel type de fièvre » : 1) la connaissance évidente d'une proposition singulière contingente qui lui correspond, à savoir « cette herbe-ci guérit la fièvre de Socrate », une proposition dont l'évidence est causée à son tour par la connaissance intuitive des termes qui la composent, et 2) la connaissance évidente de la proposition *per se nota* « tous les individus de même nature causent des effets de même nature dans des patients de même nature qui sont disposés de manière identique ». Pour tout ceci, cf. *Quaest. variae*, q. 5, *OTh* VIII, p. 171-174.

2. Cf. *Ordinatio*, Prol., q. 1, *OTh* I, p. 38 (*Opinio auctoris*), p. 61 (*Ad primam*) et p. 72 (*Ad ultimum*); *Ordinatio*, d. 3, q. 8, *OTh* II, p. 540 (*Ad tertium*); *Reportatio* II, q. 12-13, *OTh* V, p. 258-259, p. 264 (*Si dicas quod (...) respondeo quod*) et p. 276 (*Responsio ad primam*); *Quaest. variae*, q. 5, *OTh* VIII, p. 175; *Quodlibet* I, q. 13, *OTh* IX, p. 73 (*Conclusio secunda*), p. 76 (*Ad primum*); *Quodlibet* IV, q. 17, *OTh* IX, p. 382; *Quodlibet* VI, q. 6, *OTh* IX, p. 606 (*Secunda conclusio*); *Quaest. Physic.*, q. 7, *OPh* VI, p. 411.

intuitive de Dieu – Dieu n'est pas pour nous ici-bas l'objet d'une vision directe et immédiate et aucune intuition d'une créature quelle qu'elle soit ne peut causer une intuition du Créateur – et, *secundo*, un très grand nombre de propositions théologiques sont des propositions contingentes ayant Dieu pour sujet – par exemple, « Dieu s'est incarné ». Et puisque là où l'évidence fait défaut en théologie, l'acte de foi supplée, ces propositions théologiques n'auront d'autre statut épistémologique que celui de purs *credibilia* et échapperont du coup au domaine du savoir scientifique. Or s'arrêter à cette seule conclusion serait manquer la contrepartie essentielle que Guillaume cherche précisément à établir en introduisant la notion de connaissance *abstractive* : l'*intellectus viatoris* peut avoir l'évidence au regard de certaines vérités nécessaires de la théologie, à savoir les propositions nécessaires ayant un concept univoque absolu à titre de prédicat, par exemple « Dieu est un étant » et « Dieu est un intellect » [1].

Pour revenir au cas de la connaissance intuitive, nous pourrions objecter à Ockham que l'intuition *sensitive* des choses matérielles devrait suffire à l'intellect pour qu'il puisse juger avec évidence des propositions contingentes concernant ces choses. Pourquoi l'intellect ne pourrait-il pas utiliser directement et exclusivement les intuitions sensitives pour porter des jugements évidents en matière contingente sur des réalités sensibles ? Le *Venerabilis inceptor* affirme que c'est exactement la même chose, prise sous le même aspect (*sub eadem ratione*), qui est saisie intuitivement par le sens et par l'intellect [2]; autrement dit, selon Ockham, il n'y a absolument aucune différence d'objet entre ce qu'appréhende l'intuition sensitive et ce qu'appréhende l'intuition intellective : dès lors,

---

1. Pour tout ce qui précède, cf. *Ordinatio*, Prol., q. 1, *OTh* I, p. 48-51.

2. Cf. *Ordinatio*, Prol., q. 1, *OTh* I, p. 64-65 ; *Ordinatio*, d. 3, q. 6, *OTh* II, p. 494-495 (*Tertio dico quod*); un peu plus loin dans la même *quaestio*, Ockham attribue cette thèse à Aristote et Averroès : cf. *ibid.*, p. 517.

il semble superflu de poser la seconde alors que l'efficace de la première apparaît suffisante. Nous pourrions ainsi, semble-t-il, nous satisfaire d'une gnoséologie qui professerait que la plénitude du connaître est atteinte grâce à la collaboration étroite entre, d'une part, une faculté sensitive dont l'opération propre et exclusive est l'intuition, et, d'autre part, une faculté intellective dont l'opération propre et exclusive est l'abstraction. Cette objection, Ockham se l'adresse et, outre un argument persuasif[1] qui, selon nous, n'est susceptible de persuader personne, il nous offre des éléments de réponse que nous regrouperons pour former trois arguments distincts : (A1) un premier argument d'ordre gnoséologique, (A2) un second d'ordre noétique et (A3) un troisième d'ordre théologique (au sens large de cet adjectif)[2].

A1) Des actes de connaissance complexes présupposent causalement des actes d'appréhension incomplexes dans *la même* puissance cognitive ; or seul l'intellect peut produire de tels *complexa*, c'est-à-dire former des propositions et juger à leur sujet (les sens ne le peuvent pas) : donc les jugements intellectifs évidents en matière contingente nécessitent des actes *intellectifs* incomplexes d'appréhension intuitive. C'est pourquoi Ockham conclut qu'aucun acte cognitif de l'âme sensitive n'est cause immédiate et prochaine (ni partielle, ni totale) de l'acte intellectif de juger. La connaissance intuitive d'ordre sensitif n'est cependant pas superflue car, dans l'état actuel où se trouve l'homme ici-bas (*pro statu isto*), elle est un réquisit causal de l'intuition intellective des réalités sensibles[3]. Ce qui revient à dire que l'intuition sensitive n'est

  1. Cf. *Ordinatio*, Prol., q. 1, *OTh* I, p. 22.

  2. Cf. *Ordinatio*, Prol., q. 1, *OTh* I, p. 22 et p. 24-28 ; *Quodlibet* I, q. 15, *OTh* IX, p. 83-86.

  3. Cf. *Ordinatio*, Prol., q. 1, *OTh* I, p. 27 et p. 67-68 ; *Ordinatio*, d. 3, q. 6, *OTh* II, p. 511-512 (*Exemplum secundi*) ; *Reportatio* II, q. 12-13, *OTh* V, p. 285 ;

qu'une cause partielle, médiate et lointaine du jugement intel-lectif : elle ne suffit pas à causer celui-ci. En outre, le caractère indispensable de la sensation à l'égard de l'intellection n'est qu'un état de fait contingent : il n'échoit à la connaissance humaine que dans les limites de la condition terrestre qui est celle de l'homme dans le temps présent.

A2) La puissance sensitive et la puissance intellective sont ordonnées entre elles comme l'inférieur est ordonné au supé-rieur ; or, en vertu de la nature même d'une telle ordination de puissances, toute perfection dont est capable la puissance infé-rieure est également au pouvoir de la puissance supérieure ; mais la connaissance intuitive des singuliers sensibles est une perfection dont est capable la puissance sensitive : donc la puissance intellective aussi est capable de connaître intui-tivement les singuliers sensibles.

Cet argument dépend d'une ontologie de l'exclusivité (ou, du moins, de la primauté) existentielle du singulier (sur l'universel). Un interlocuteur qui défend l'existence réelle de natures communes et soutient la primauté ontologique de l'universel sur le singulier ne s'estimera pas contraint de l'accepter, puisqu'il ne considèrera pas la saisie intuitive du singulier comme une perfection que l'intellect devrait reven-diquer pour lui-même – il peut même aller jusqu'à penser que l'appréhension intuitive du singulier ferait déchoir l'intellect de sa perfection, qui consisterait à intelliger l'essence même des choses à travers l'universel abstrait. Mais Ockham, la chose est bien connue, pense que la singularité est la seule modalité d'être possible et effective, développe conséquem-ment une théorie logico-linguistique dans laquelle l'univer-salité est conçue comme simple propriété sémantique des termes et s'inscrit donc en faux contre la thèse de l'existence

Reportatio IV, q. 14, *OTh* VII, p. 316; *Quodlibet* I, q. 15, *OTh* IX, p. 86 (*Ad argumentum sextum*).

réelle de l'unité spécifique (ou générique), en affirmant avec vigueur qu'il n'y a d'unité réelle que l'unité numérique de la chose singulière [1].

A3) Nier que l'intellect en lui-même puisse connaître les individus sensibles par un acte d'appréhension intuitif (direct et immédiat) revient à nier que l'âme humaine séparée du corps et l'intellect angélique soient capables d'une connaissance de ce genre; or l'âme humaine séparée du corps et l'intellect angélique (sans parler de l'intellect divin) peuvent connaître intuitivement les individus sensibles : donc *et cetera*.

Un thème traité sous l'angle de l'analyse transcendantale [2]

Le contexte doctrinal de la discussion étant posé, il faut nous pencher ensuite sur le genre d'approche privilégié par Ockham pour travailler les notions de connaissances intuitive et abstractive. C'est préférentiellement sous l'angle de ce que l'on pourrait appeler une analyse transcendantale que le *Venerabilis inceptor* traite ces notions. En effet, une question fondamentale se lit en filigrane des propos d'Ockham au sujet de l'intuition et de l'abstraction : quelles sont les conditions de possibilité gnoséologiques des jugements que porte l'intellect? Cette question oblige la pensée à suivre un mouvement analytique bien précis. Au point de départ, un constat d'expérience : l'intellect est capable d'opérer des actes judicatifs de

---

1. Ockham expose de manière synthétique ses principaux arguments contre le réalisme des universaux en *Summa logicae* I, c. 15-17, dans *Opera philosophica* I, P. Boehner, G. Gál et S. Brown (éd.), St. Bonaventure (New York), Franciscan Institute, 1974, p. 50-62.

2. Cette section a été repensée suite aux commentaires que nous a formulés Cl. Panaccio, que nous remercions pour la lecture critique qu'il a faite de notre étude.

diverses natures. Au fil d'arrivée : la spécification des divers
types de connaissances incomplexes (ou anté-proposition-
nelles) qui rendent possibles ces jugements. Entre les deux se
déroule un procès de décomposition gnoséologique des struc-
tures propositionnelles de la pensée. C'est dans cette perspective ouverte par l'analyse transcendantale que notre auteur
caractérise les connaissances intuitive et abstractive. Ainsi,
l'intuition est définie par Ockham de manière fondamentale
comme un acte incomplexe d'appréhension cognitive en vertu
duquel l'intellect est apte à juger avec évidence de la vérité
d'une proposition existentielle au présent. De manière corréla-
tive, la connaissance abstractive reçoit de la part d'Ockham
une caractérisation qui constitue la contrepartie négative de
celle qui marque l'intuition : l'abstraction est définie comme
un acte incomplexe d'appréhension cognitive sur la base
duquel l'intellect est *incapable* de juger avec évidence de la
vérité d'une proposition existentielle au présent. De façon plus
générale, ces caractérisations des connaissances intuitive
et abstractive s'appliquent à toute proposition *contingente*
au présent qui peut être l'objet d'un jugement évident[1]. La
déduction transcendantale ockhamienne des diverses espèces
de connaissances incomplexes s'effectue de la manière suivante. Il ne fait pas de doute qu'il y a des cas où l'intellect sait
avec évidence qu'une proposition telle que « cette chose
existe » est vraie, et c'est tout autant un fait d'expérience
cognitive qu'il y a d'autres circonstances où, en présence de la
même proposition existentielle, l'intellect n'est pas capable

1. Cf. *Ordinatio*, Prol., q. 1, p. 6-7 (*Dicendum quod*), p. 22-23 (*Ratio
prima*), p. 31-32, p. 50 (*Ad propositum*), p. 70 (*Ad secundum*); *Reportatio* II,
q. 12-13, *OTh* V, p. 256-257 (*Ideo circa istam quaestionem*), p. 286-287 (*Ideo
dico quod*); *Reportatio* II, q. 14, *OTh* V, p. 317-319 (*Quarto dico quod*), p. 334-
335 (*Aliud sciendum est quod*); *Quodlibet* I, q. 14, *OTh* IX, p. 79 (*Ad quaestionem*); *Quodlibet* I, q. 15, *OTh* IX, p. 83 (*Ad quaestionem*); *Quodlibet* V, q. 5,
OTh IX, p. 496 (*Ad quaestionem*).

de savoir avec évidence si elle est vraie ou non. Les termes
de cette proposition, ou les réalités signifiées par ces termes,
doivent donc pouvoir être appréhendé(e)s selon deux types
spécifiquement distincts de connaissances intellectives incomplexes. Le premier type, appelé « *notitia* » (ou « *cognitio* »)
« *intuitiva* », est celui qui, précisément, permet à l'intellect de
porter avec évidence un jugement existentiel vrai, tandis que le
second type, appelé « *notitia* » (ou « *cognitio* ») « *abstractiva* », ne permet justement pas à l'intellect de porter un tel
jugement. En somme, c'est la nécessité de trouver un fonde-
ment gnoséologique à la possibilité ou à l'impossibilité de
l'évidence en matière de jugement existentiel qui, de manière
primordiale, conduit Ockham à affirmer qu'il y a pour l'intellect deux types d'actes incomplexes d'appréhension cognitive
qui sont irréductibles l'un à l'autre. Ainsi, contrairement à ce
que certains pourraient attendre d'un penseur qui écrit au sujet
de thèmes gnoséologiques, la distinction ockhamienne entre
intuition et abstraction ne procède pas d'une observation positive des mécanismes cognitifs impliqués dans le passage de la
perception à la conceptualisation. Cette distinction procède
plutôt d'un travail d'analyse transcendantale des actes de
connaissance complexes, qui vise à terme à identifier ce que
ceux-ci requièrent à titre de composants ultimes. Tel est donc
le statut épistémologique de base de la doctrine ockhamienne
de la *duplex notitia incomplexa* : ni métaphysique des actes
de connaître, ni examen introspectif des états mentaux, ni
explication empirique des processus cognitifs, mais entreprise
gnoséologique de mise au jour des conditions de possibilité
primitives de l'*actus iudicativus*.

Une caractérisation nécessaire et absolue
de la *Duplex notitia incomplexa*

On peut s'étonner aujourd'hui des controverses qui autrefois ont fait rage autour de la thèse ockhamienne de la connaissance intuitive d'une chose non-existante[1]. Car une fois mis au jour l'horizon d'intelligibilité au sein duquel cette thèse prend place *pour Ockham* et la fonction théorique que celui-ci lui accorde, s'évaporent nombre de débats à propos du prétendu scepticisme qui marquerait, en acte ou en puissance, la pensée ockhamienne. La thèse de l'intuition d'un objet non-existant a pour horizon d'intelligibilité le champ des possibles que déploie le principe de la puissance divine absolue (*potentia Dei absoluta*)[2] et sa fonction théorique consiste à circonscrire la nature propre des connaissances intuitive et abstractive afin de pouvoir les différencier *par elles-mêmes*. Ockham met en jeu cette thèse dans le cadre d'une critique de la gnoséologie de son confrère franciscain Jean Duns Scot[3]. Entre autres lignes de démarcation, ce dernier soutient que la connaissance intuitive se distingue de la connaissance abstractive en ce que l'intuitive, *primo*, porte sur un objet qui existe et qui est réellement présent (tandis que l'abstractive porte indifféremment sur l'existant et le non-existant) et, *secundo*, est causée objectivement par la chose existante elle-même (tandis que l'abstractive est causée par une similitude qui véhicule la

---

1. Ockham soutient cette thèse en plusieurs endroits de son œuvre : cf. *Ordinatio*, Prol., q. 1, *OTh* I, p. 31, p. 36, p. 37 (*Quartum patet*), p. 38 (*Quintum patet*), p. 38-39 (*Corollarium I*), p. 70-71 (*Ad septimum dubium*); *Reportatio* II, q. 12-13, *OTh* V, p. 259-261; *Quodlibet* V, q. 5, *OTh* IX, p. 496 (*Ad quaestionem*), p. 498 (*Ad instantias 1 et 2*); *Quodlibet* VI, q. 6, *OTh* IX, p. 604-607.

2. La distinction entre *potentia ordinata* et *potentia absoluta Dei* est expliquée par Ockham dans son *Quodlibet* VI, q. 1, *OTh* IX, p. 585-586 (*Primus articulus*).

3. Cf. *Ordinatio*, Prol., q. 1, *OTh* I, p. 33-38 (*Contra opinionem Scoti*).

chose sous le mode de la représentation). Par une mise en œuvre du principe de la puissance divine absolue, Ockham montre que les distinctions scotistes s'appuient en fait sur des éléments contingents et relatifs. Le raisonnement *de potentia Dei absoluta* permet précisément au *Venerabilis inceptor* de formuler une caractérisation de la *duplex notitia incomplexa* qui soit purement nécessaire et absolue. Dans le cours ordinaire des choses (*de potentia Dei ordinata*), affirme Ockham, tout acte intellectif de connaissance intuitive est effectivement causé par la chose singulière actuellement présente qui en est l'objet[1]. Or tout ce que Dieu fait par la médiation d'une cause seconde, il peut le faire immédiatement par lui-même[2]. En outre, si deux choses absolues sont distinctes selon le lieu et le sujet, Dieu peut faire exister l'une sans l'autre. Mais la chose connue est cause seconde de l'intuition qu'elle produit (Dieu étant cause première de tout ce qui existe) et l'intuition est une qualité noétique qui se trouve localement et subjectivement séparée de la chose connue. Dieu pourrait donc immédiatement par lui-même produire dans un intellect l'intuition d'une chose qui n'existe pas[3]. Dans l'ordre actuel des choses que

---

1. Voir *supra*, p. 12, note 2. Avec la précision suivante : ayant été supposée la causalité générale et normale de Dieu sur le monde, la chose *et* l'intellect sont causes partielles concourantes de tout acte intellectif de connaissance intuitive ; la chose à titre de cause efficiente ou agente, l'intellect à titre de cause « matérielle » ou patiente.

2. Ockham affirme que ce principe de l'immédiateté de la causalité divine, qu'il qualifie de « *propositio famosa theologorum* », est fondé dans le premier article de foi du Credo catholique : « *Credo in Deum Patrem omnipotentem* ». Cf. *Quodlibet* VI, q. 6, *OTh* IX, p. 604 (*Ad quaestionem*).

3. Notre discussion porte spécifiquement sur l'intuition *intellective*, puisque nous adoptons l'optique ockhamienne de l'analyse des actes judicatifs, mais il vaut la peine de noter que le *Venerabilis inceptor* admet aussi la possibilité d'une intuition *sensitive* d'une chose non-existante. En outre, *de potentia Dei absoluta*, Ockham admet également les possibilités suivantes : 1) Dieu pourrait, après avoir annihilé une chose ou après qu'une chose ait été détruite, conserver dans l'intellect l'intuition qu'elle y a initialement causée ; 2) Dieu

Dieu a librement décidé d'instituer, c'est-à-dire selon les lois naturelles volontairement établies par le Créateur, ce phénomène cognitif ne se produit pas et ne pourrait pas se produire. Par contre, il n'est pas impossible qu'il se produise selon une autre ordination de la puissance divine, puisqu'il n'implique aucune contradiction et la toute-puissance divine n'est limitée que par le principe de contradiction. Bref, l'intuition d'une chose non-existante, bien qu'elle ne soit pas un événement qui se déroule dans le cours normal des choses naturelles, est de l'ordre des possibilités logiques. Ockham tire toutes les conséquences qu'implique une telle possibilité. Contre Scot, il affirme que l'existence effective de la chose appréhendée intuitivement – considérée tant sous l'aspect de cause que sous l'aspect d'objet de la connaissance intuitive – est une condition contingente de l'intuition intellective de cette chose : l'intuition est nécessairement ce qu'elle est indépendamment du fait que la chose intuitionnée existe effectivement ou non. Ce qui revient à dire que nous pouvons logiquement concevoir un autre monde possible où l'intuition porterait sur une chose non-existante. Pour Ockham, la définition essentielle de l'intuition n'inclut pas l'existence effective de la chose intuitionnée : telle qu'elle est en soi, l'intuition ne dépend ni de la causalité que peut exercer à son égard la chose qu'elle appréhende, ni de la position objective de cette chose dans l'existence actuelle. Bref, dans l'optique d'Ockham, l'intuition est absolue, c'est-à-dire libre de tout lien de nécessité, au regard de l'existence effective de la chose intuitionnée[1]. Écartant le

pourrait causer dans l'intellect l'intuition d'une chose existante mais absente. En outre, *naturaliter loquendo*, Ockham tient pour possible qu'une intuition se corrompe bien que soit toujours présente la chose qui en était l'objet : dans ce cas, l'intellect ne pourrait donner avec évidence son assentiment à une proposition vraie au sujet de cette chose.

1. Il convient de souligner avec force l'idée suivante : selon Ockham, si la chose intuitionnée n'existe pas en acte ou en fait (ce que nous avons appelé

contingent et le relatif, Ockham parvient ainsi à saisir la propriété nécessaire et absolue qui définit l'essence même de la connaissance intuitive (et, corrélativement, de la connaissance abstractive). Quelle est cette propriété? Il s'agit de l'efficace de l'intuition au regard de l'acte judicatif: la connaissance intuitive est celle en vertu de laquelle l'intellect est capable de juger avec évidence que la chose existe, si elle existe, *ou qu'elle n'existe pas, si elle n'existe pas*; la connaissance abstractive est celle sur la base de laquelle l'intellect ne peut juger avec évidence ni que la chose existe, ni qu'elle n'existe pas. Par conséquent, si Dieu causait dans un intellect l'intuition d'une chose qui n'existe pas, cet intellect pourrait former la proposition suivante: « cette chose n'existe pas » et aussitôt, en vertu de cette connaissance intuitive, lui accorder son assentiment. Autrement dit, il est de la nature même de la connaissance intuitive d'engendrer l'évidence, et puisque l'évidence n'est rien d'autre que le caractère manifeste d'une vérité propositionnelle pour l'intellect, elle se rapporte nécessairement à des assertions qui expriment les choses telles qu'elles sont vraiment dans la réalité. C'est pourquoi Ockham conclut de manière tout à fait cohérente que l'intuition d'une chose non-existante entraînerait l'intellect à prononcer correctement un jugement évident de *non*-existence. L'intuition, en vertu de ce qu'elle est en soi, ne peut jamais induire l'intellect en erreur[1]. Ainsi, en raisonnant à partir de la puissance divine

---

« l'existence effective » de la chose), et n'a de plus jamais existé, elle doit cependant au moins *pouvoir* exister. Bref, la portée de la connaissance intuitive d'une chose non-existante couvre la totalité des réalités singulières *possibles*, ce qui revient à dire qu'il ne peut y avoir intuition d'un impossible (la chimère, par exemple). Cf. *Quodlibet* VI, q. 6, *OTh* IX, p. 607.

1. « *Et sic nullo modo <notitia intuitiva> ponit intellectum in errore* »: cf. *Reportatio* II, q. 12-13, *OTh* V, p. 287. Ce qui bien sûr n'exclut pas la possibilité que l'efficace naturelle de l'intuition soit court-circuitée par des obstacles extérieurs ou des circonstances exceptionnelles (comme dans les cas d'illusions optiques). En outre, selon Ockham, si Dieu ne peut absolument pas produire une

absolue, Ockham ne conserve que l'essentiel – la relation gnoséologique nécessaire de l'intuition à l'évidence – et peut soutenir, contre Scot, que l'intuition et l'abstraction ne diffèrent ni par leur objet (toutes deux peuvent porter sur une chose non-existante), ni par leur cause (toutes deux peuvent être causées immédiatement par Dieu), mais seulement *par elles-mêmes*, c'est-à-dire par leur capacité ou incapacité intrinsèque à causer un jugement évident. En bout de ligne, l'entreprise ockhamienne de définition radicale de la *duplex notitia incomplexa* se résume et se concentre en une formule d'une concision remarquable : « Et cela suffit à la connaissance intuitive, considérée en soi : elle suffit pour produire un jugement droit au sujet de l'existence ou de la non-existence d'une chose »[1].

La doctrine ockhamienne de l'intuition du non-existant n'est pas sans importance ni intérêt théoriques, mais l'attention démesurée que certains commentateurs ont portée à cette situation extraordinaire aura eu pour effet d'éclipser la prise en considération, pourtant essentielle, des facteurs naturels qui peuvent empêcher la production de la connaissance intuitive et de l'évidence subséquente. Nous l'avons vu, la pensée d'Ockham au sujet de la connexion gnoséologique nécessaire entre l'intuition et l'évidence ne fait pas l'ombre d'un doute :

intuition par laquelle l'intellect jugerait *avec évidence* qu'une chose non-existante existe – car, en vertu de ce qu'est l'évidence par définition, cela impliquerait contradiction –, il peut néanmoins causer un acte créditif (un acte de foi) par lequel l'intellect *croit* qu'une chose non-existante existe (ou *croit* qu'une chose absente est présente). Dieu peut donc conduire l'intellect à juger incorrectement, mais dans ce cas le jugement n'est pas évident : ce n'est qu'une croyance. Enfin, Ockham dit bien que l'acte créditif, qui est un acte judicatif *complexe* portant sur un acte appréhensif complexe (« je crois que *p* »), est une connaissance abstractive et non intuitive ; par contre, il ne nous dit pas sur quel acte appréhensif *incomplexe* (s'il y en a un dans ce cas particulier) repose ce jugement créditif. Pour tout ceci, cf. *Quodlibet* V, q. 5, *OTh* IX, p. 498 (*Ad instantiam 1*) et p. 499 (*Ad instantiam 4*).

1. *Ordinatio*, Prol., q. 1, *OTh* I, p. 70.

une fois l'intuition produite dans l'intellect, elle conduit inévitablement et naturellement à la formation d'un jugement évident[1]. Par contre, tels que nous les avons rapportés jusqu'à présent, les propos d'Ockham concernant la causalité naturelle de la chose sur l'intellect au regard de l'intuition peuvent sembler plutôt simplistes : il suffirait que l'intellect soit en présence de la chose pour que celle-ci cause aussitôt en lui[2] la connaissance intuitive dont elle est l'objet. Le problème est que notre expérience de tous les jours nous enseigne qu'il en va autrement. Un simple exemple peut suffire. Je dirige mon regard vers la fenêtre qui est à ma droite. Au loin, je vois un arbre qui, en ce début de printemps, n'a toujours pas de feuilles. Sur la base de ces connaissances intuitives, je peux juger avec évidence qu'il y a là un arbre qui est dépourvu de feuilles. Or, à cause de la distance qui me sépare de cet arbre, je ne vois pas les bourgeons qui commencent à poindre au bout de ses branches. Puisque l'intuition fait défaut, je ne peux donc pas donner mon assentiment à la proposition : « cet arbre bourgeonne », qui pourtant est vraie (et donc évidente pour tout intellect qui intuitionne correctement). Ce simple exemple nous indique que, pour être adéquate, la thèse ockhamienne d'une intuition directement causée par la chose doit être complétée par une spécification des conditions qui sont requises pour qu'il y ait intuition. En fait, Ockham lui-même nous fournit un certain nombre d'éléments doctrinaux que nous pouvons utiliser pour élaborer ce complément théorique indispensable. Étant donnée la présence actuelle de la chose existante dans le « champ d'intuition » de l'intellect, au moins

---

1. À condition bien sûr que l'intellect utilise ses intuitions pour former des propositions et porter des jugements à leur sujet.

2. Immédiatement s'il s'agit d'un intellect humain séparé du corps ou d'un intellect angélique, par la médiation de la sensation s'il s'agit d'une âme intellective incarnée.

deux conditions doivent être réunies[1] pour que l'efficace de la chose sur l'intellect fasse effet en l'espèce d'une connaissance intuitive[2] : 1) la première condition est d'ordre spatial : elle concerne la distance entre la chose extra-mentale et la faculté de connaître[3]; 2) la seconde condition se trouve *ex parte animae intellectivae* : elle concerne l'attention délibérée que l'âme intellective porte à l'objet intuitionné[4].

1) L'exemple que nous avons donné ci-dessus se rapporte à la première condition. Ockham reconnaît sans peine, car cela va de soi, que la distance entre l'objet et l'intellect peut être telle que celui-ci soit naturellement incapable d'intuitionner celui-là. Il faut donc qu'il y ait une distance appropriée entre l'intellect et l'objet pour que celui-ci cause une intuition dans celui-là. S'agissant de l'ordre naturel de l'existence terrestre, où l'intellect n'a d'intuition que par la médiation d'un acte d'intuition sensitif, Ockham précise que la distance appropriée est celle à l'intérieur de laquelle le sens perçoit l'objet. Par contre, Ockham ne nous dit pas ce qui détermine la distance appropriée dans le cas d'une âme séparée ou d'un intellect angélique. Quoi qu'il en soit de ce dernier point, qui ne nous intéresse pas tellement, il est clair que, pour Ockham, non seulement y a-t-il une certaine distance au-delà de laquelle l'objet ne peut causer une intuition dans l'intellect, mais en

---

1. *De ordine naturali*, nous dirons, avec Ockham, que la chose et l'intellect sont causes concourantes, elle effective, lui réceptive, de la connaissance intuitive, et nous ajouterons que cette dernière requiert également deux conditions *sine qua non* pour être produite, ce que le *Venerabilis inceptor* suggère mais ne dit pas explicitement.

2. Rappelons que selon le cours ordinaire ou l'ordre naturel des choses, qui est ici considéré, l'intuition intellective présuppose l'intuition sensitive (pour une âme intellective unie à un corps) : cf. *supra*, p. 14, note 3.

3. Cf. *Reportatio* II, q. 12-13, *OTh* V, p. 258-259, p. 284-285 (*Si dicas quod* (...) *contra*); *Reportatio* IV, q. 14, *OTh* VII, p. 286 (*Primum probo*); *Quodlibet* I, q. 13, *OTh* IX, p. 76-77 (*Ad secundum dubium*).

4. Cf. *Quaest. variae*, q. 5, *OTh* VIII, p. 180-184.

outre, à l'intérieur de la distance appropriée, le degré d'éloignement ou d'approche de l'objet détermine le degré d'intensité et de clarté de l'intuition, lequel, à son tour, a des conséquences sur les jugements portés à l'endroit de l'objet intuitionné. Par exemple, à mesure que l'intellect s'approche de quelque chose de couleur blanche, divers jugements sont produits en lui à partir de la même intuition (ou, à tout le moins, sur la base d'intuitions de même espèce) : « ceci est un étant », « ceci est un corps », « ceci est une couleur », « ceci est une blancheur » [1]. Toujours dans les limites de la distance appropriée, Ockham soutient également que le nombre d'objets intuitionnés est fonction de la distance plus ou moins grande qui sépare l'intellect de ce qui est vu. Par exemple, un corps multicolore fait voir un nombre croissant de couleurs à mesure que l'intellect s'en approche [2].

2) Ockham reconnaît en outre que le degré d'intensité ou de perfection de l'acte de connaître est fonction de l'effort d'attention que l'âme intellective déploie envers l'objet intuitionné. Or, selon Ockham, l'intellect, en tant que puissance cognitive, s'il est actif [3], est un agent naturel (par opposition à

---

1. Ce cas met en présence un seul objet de connaissance intuitive, par exemple une seule qualité sensible.

2. Une seule réalité peut comporter plusieurs objets de connaissance intuitive, par exemple les divers accidents sensibles d'une substance. Dans ce cas, deux possibilités cognitives se présentent : plusieurs objets réellement conjoints peuvent être appréhendés soit par un seul et même acte de connaissance intuitive, soit par plusieurs actes simultanés de connaissance intuitive.

3. Concernant la thèse de l'activité de l'intellect, Ockham réfute les arguments qui prétendent l'établir de manière apodictique : Ockham s'applique à montrer qu'il est possible, *sine activitate intellectus*, de rendre compte de tous les phénomènes cognitifs que Jean Duns Scot et d'autres auteurs croient devoir expliquer par l'activité de l'intellect. Cf. *Quaest. variae*, q. 5, *OTh* VIII, p. 161-191. Le *Venerabilis inceptor* admet cependant qu'il tient cette thèse pour vraie à cause de l'autorité des Pères (principalement Augustin) et des philosophes (Aristote et Averroès), dont les textes ne sont intelligibles qu'à condition d'attribuer une certaine forme d'activité à l'intellect. Or, même dans ce cas,

libre), c'est-à-dire que, toutes autres choses étant égales, il agit toujours de la même manière : par conséquent, il n'est pas la cause de l'intensification d'une intellection. Cette cause se trouve plutôt du côté de l'acte volitif. Ainsi, une intuition étant causée dans l'intellect par un objet donné, le sujet connaissant peut vouloir prolonger, intensifier et perfectionner l'intuition en fixant et en concentrant son attention sur l'objet intuitionné. En d'autres termes, l'acte de volonté peut s'ajouter à l'objet à titre de cause partielle immédiate pour produire dans l'intellect un degré de connaissance intuitive plus élevé (plus intense, plus parfait) que le degré de connaissance intuitive qui est causé par l'objet seul, sans acte de volonté[1]. Ockham ne nous dit pas ce que signifie dans ce contexte une intuition plus intense ou plus parfaite. Il peut vouloir dire qu'une telle intuition : A) donne à voir avec plus de clarté l'objet qu'elle appréhende ; B) fait connaître avec plus d'évidence les vérités contingentes qui en découlent ; C) est une intuition plus complète au sens où l'étendue des objets qu'elle embrasse est plus grande que celle d'une intuition non-intensifiée par un acte de volonté. À l'appui de l'acception (A), nous trouvons, ailleurs dans l'œuvre d'Ockham, l'idée selon laquelle l'intuition intellective, considérée telle qu'elle est de fait pour l'homme ici-bas (*pro statu isto*), est « très imparfaite et obscure » (alors qu'en soi elle est parfaite et claire) : il peut donc arriver, selon Ockham, que peu de vérités contingentes (voire aucune) soient connues sur la base de l'appréhension intuitive d'une chose[2].

---

ajoute Ockham, la thèse de l'activité de l'intellect n'est soutenue que par des arguments probables qui ne permettent pas de la conclure avec nécessité. Cf. *ibid.*, p. 191.

1. Nous limitons la présente discussion au cas de l'intellection intuitive, mais il est important de souligner que cette thèse de la volition comme cause partielle immédiate d'une connaissance plus intense ou plus parfaite est également appliquée par Ockham aux cas de l'intuition sensitive, de l'intellection abstractive et de l'habitus qui en résulte. Cf. *ibid.*, p. 180-184.

2. Cf. *Ordinatio*, Prol., q. 1, *OTh* I, p. 31, p. 33 et p. 68 (*Ad aliud*).

Il n'est donc pas impossible que le *Venerabilis inceptor* croie qu'une intuition soit rendue plus claire par un effort d'attention délibérée et qu'elle fasse alors connaître avec évidence plus de vérités contingentes qu'elle ne le ferait en l'absence de l'acte de volonté. À l'appui de l'acception (B), il y a le fait que le *Venerabilis inceptor* reconnaît qu'il existe des degrés dans l'évidence. En effet, Ockham affirme que les vérités contingentes concernant les réalités purement intelligibles (c'est-à-dire les actes intellectifs et volitifs ainsi que les passions de l'âme telles que la tristesse et la joie) sont connues avec plus d'évidence que les vérités contingentes concernant les réalités sensibles, de telle sorte que la connaissance des premières ne laisse place à aucun doute[1]. Ockham ne s'explique pas davantage sur ce point, mais nous pouvons raisonnablement conjecturer que si l'intuition intellective d'une réalité intelligible donne lieu à plus d'évidence que l'intuition intellective d'une réalité sensible, c'est parce que dans le premier cas l'intellect, puissance cognitive supérieure, opère seul et immédiatement, alors que dans le second cas l'intellect doit compter sur la médiation du sens, puissance cognitive inférieure. L'acception (C) tire sa plausibilité de l'expérience courante. Par exemple, si je jette un coup d'œil furtif à l'arbre que je vois par la fenêtre, j'obtiens par intuition des connaissances qui se limitent à me faire savoir de manière évidente qu'il y a là un arbre qui est dépouillé de ses feuilles ; par contre, si je fixe déli-

---

1. Cf. *Ordinatio*, Prol., q. 1, *OTh* I, p. 43-44 (*Praeterea*). Par ailleurs, Ockham affirme aussi, en contexte surnaturel faut-il préciser, que l'appréhension intuitive des termes d'une proposition cause une connaissance évidente plus parfaite que celle qui est causée par une appréhension abstractive des mêmes termes (cf. *Ordinatio*, Prol., q. 1, *OTh* I, p. 74 (*Ad tertium principale*)), et encore, toujours en contexte surnaturel, que la même vérité est connue avec plus d'évidence lorsqu'elle est connue par plusieurs moyens, c'est-à-dire par une saisie intuitive et une saisie abstractive, que lorsqu'elle est connue par un seul moyen, c'est-à-dire par une saisie abstractive seule (cf. *Quodlibet* V, q. 4, *OTh* IX, p. 493-494 (*Si dicis quod* (…) *Respondeo quod*)).

bérément mon attention sur le même arbre et que je m'efforce
de le regarder attentivement, j'obtiens alors par intuition des
connaissances additionnelles qui me permettent, en plus des
jugements qui ont été précédemment énoncés, de savoir avec
évidence qu'il y a des bourgeons à cet arbre et qu'il est situé à
quelques mètres d'un autre arbre. Peu importe en définitive la
ou les acception(s) retenue(s), cette condition d'ordre volontaire est cruciale pour rendre compte du fait suivant, fréquemment observé : soit deux personnes dont les facultés corpo-
relles sont également bien disposées et qui sont localement
situées à même distance par rapport à un même objet qu'elles
intuitionnent sous le même angle en l'absence d'un quelconque empêchement : sur la base de l'intuition de cet objet, le
nombre d'assertions contingentes vraies que formule avec évidence l'intellect de l'une est notablement différent du nombre
d'assertions contingentes vraies que formule avec évidence
l'intellect de l'autre. Ce fait ne peut s'expliquer qu'en faisant
intervenir le facteur de l'attention délibérée[1]. En revanche,
au niveau du jugement, dans la mesure où il y a évidence,
Ockham exclut toute efficace de la volonté : nul ne peut volontairement refuser son assentiment à une proposition évidente[2].
Mais Ockham professe une certaine forme de volontarisme là
où peut-être on ne s'y attendait pas : au regard de l'acte
d'appréhension qui est à l'origine de toute connaissance.

---

1. Il n'est pas sans importance de noter qu'avec l'attention délibérée, nous
demeurons au niveau de la connaissance incomplexe : l'attention délibérée ne
doit d'aucune façon être identifiée à une quelconque forme de recherche,
d'enquête ou d'examen discursif ; l'attention délibérée relève d'un simple acte
de volonté.

2. Cf. *Ordinatio*, Prol., q. 7, *OTh* I, p. 192 (*Praeterea*). À l'inverse,
lorsqu'une proposition n'est pas évidente et ne peut pas être inférée à partir
de propositions évidentes, un acte volitif (ou l'adhésion à une autorité) doit
intervenir pour que l'âme intellective lui accorde son assentiment.

LES TROIS SENS DE LA NOTION
DE CONNAISSANCE ABSTRACTIVE

Notre compte rendu de la caractérisation ockhamienne de la *duplex notitia incomplexa* nous a déjà indiqué le premier sens que Guillaume d'Ockham accorde à la notion de connaissance abstractive. Une connaissance est dite abstractive en ce sens qu'elle abstrait de l'existence et de la non-existence de la chose qui en est l'objet[1]. Autrement dit, avoir une connaissance abstractive équivaut à connaître une chose sans égard au fait qu'elle existe ou non. L'acte cognitif abstractif n'emporte avec lui aucune considération d'ordre existentiel au regard de la chose qu'il appréhende. La connaissance abstractive dont nous parle ici le *Venerabilis inceptor* se distingue donc en principe du sens courant selon lequel abstraire signifie faire abstraction de la singularité ou des traits individuels d'une chose. Ockham fait place à l'idée d'une connaissance abstractive dont l'objet est une chose singulière *en particulier*[2]. Il nous avertit toutefois : il ne faut pas interpréter l'abstractive telle qu'il la définit ici comme une connaissance qui porterait sur un objet qui ne serait ni existant, ni non-existant[3]. Cela serait d'ailleurs impossible, puisque, absolument parlant, une chose est soit existante, soit inexistante. L'abstractive désigne plutôt et précisément l'une des deux connaissances incomplexes précédemment distinguées, à savoir celle qui ne permet pas à l'intellect de savoir avec évidence si une chose existe ou non. Il n'est pas impossible que cette première acception de l'abstraction, que Guillaume d'Ockham emprunte à son confrère franciscain Jean Duns Scot, ait été forgée sous

---

1. Cf. *Ordinatio*, Prol., q. 1, *OTh* I, p. 31 et p. 32; *Reportatio* II, q. 14, *OTh* V, p. 335; *Quodlibet* I, q. 14, *OTh* IX, p. 79 (*Ad quaestionem*).

2. La connaissance abstractive *in particulari* s'oppose à la connaissance abstractive *in communi* ou *in universali* : cf. *Reportatio* II, q. 14, *OTh* V, p. 316 (*Ideo dico quod*).

3. Cf. *Reportatio* II, q. 14, *OTh* V, p. 335.

l'influence de la doctrine avicennienne que l'historiographie a retenue sous l'intitulé de « doctrine de l'indifférence de l'essence » : nous pouvons en effet penser que Scot et Ockham transposent à l'acte de connaissance abstractif ce qu'Avicenne applique à la considération pure ou absolue de l'essence au regard de l'existence. Quoi qu'il en soit de cette filiation doctrinale, ce n'est pas de l'autorité d'Avicenne mais bien d'Aristote que se réclame explicitement le *Venerabilis inceptor*[1] pour légitimer ce premier sens de l'abstraction qu'il privilégie dans le cadre de sa propre philosophie. Avec cette première acception de la notion de connaissance abstractive, Ockham veut rendre compte d'un phénomène cognitif fort simple : l'intellect est capable de se représenter une chose singulière alors que celle-ci est absente ou n'existe plus[2]. Nous pouvons exprimer la même idée autrement en disant que l'intellect a la capacité d'appréhender intérieurement une

---

1. Cf. *Ordinatio*, Prol., q. 1, *OTh* I, p. 23 (*Confirmatur per Philosophum*). L'apparat des sources de l'édition critique renvoie à Aristote, *Analytica Priora*, II, 21 (67a 39-b 1) – cf. *translatio Boethii*, L. Minio-Paluello (éd.), Bruges-Paris, Desclée de Brouwer, 1962 (AL III, 1-4), p. 131, l. 15-16 : « *nullum sensibilium, cum extra sensum sit, scimus* » – et *Ethica Nicomachea*, VI, 3 (1139b 19-22) – cf. *translatio Roberti Grosseteste Lincolniensis*, éd. R.A. Gauthier, Leiden-Bruxelles, Brill-Desclée de Brouwer, 1972 (AL XXVI, 1-3), p. 255, l. 19-21 : « *Omnes enim suspicamur quod scimus non contingere aliter habere. Contingencia autem aliter cum extra speculari fiant, latent si sunt, vel non* ». Voir aussi Aristote, *Metaphysica*, VII, 10 (1036a 2-8), *translatio Guillelmi de Moerbeka*, éd. G. Vuillemin-Diem, Leiden-New York-Köln, Brill, 1995 (AL XXV, 3.2), p. 151-152, l. 545-551 : « *Simul totius autem, puta circuli huius et singularium alicuius aut sensibilis aut intellectualis – intellectuales uero dico ut mathematicos, et sensibiles ut ereos et ligneos –, horum autem non est diffinitio, sed cum intelligentia aut sensu cognoscuntur. Abeuntes uero ex actu non palam utrum quidem sunt aut non sunt; sed semper dicuntur et cognoscuntur uniuersalis ratione* ».

2. Cf. *Ordinatio*, Prol., q. 1, *OTh* I, p. 6-7 (*Dicendum quod*), p. 23, p. 32 et p. 42 (*Si dicatur quod* (…) *hoc verum est*); *Reportatio* II, q. 12-13, *OTh* V, p. 266 (*Ex dictis*); *Reportatio* II, q. 14, *OTh* V, p. 316-317 (*Secundo dico quod*).

chose singulière en un acte de connaissance qui n'est pas immédiatement causé par elle [1]. Pour expliquer ce phénomène, Ockham doit supposer que l'intellect possède en lui-même la cause efficiente de cet acte de connaissance abstractif : pour notre auteur, cette cause intellective immanente est un habitus [2], c'est-à-dire une disposition qui incline l'intellect à se représenter abstraitement une chose autant de fois qu'il le veut. Et puisqu'un habitus est toujours engendré par un ou des acte(s) de même nature que celui ou ceux qu'il dispose à effectuer, Ockham soutient finalement que cet habitus est causé dans l'intellect par une toute première connaissance abstractive [3] qui survient en même temps que l'intuition initiale [4].

---

1. Contrairement à ce qui se passe pour la connaissance intuitive qui, *naturaliter loquendo*, est immédiatement causée dans l'intellect par son objet actuellement présent.

2. L'habitus est cause partielle, avec l'intellect, de l'acte de connaissance abstractif. Cf. *Ordinatio*, Prol., q. 1, *OTh* I, p. 61 (*Ad primam probationem*); *Reportatio* II, q. 12-13, *OTh* V, p. 261-263, p. 269-272 (*Secunda conclusio* et *Tertia conclusio*), p. 277 (*Loquendo vero*), p. 278 (*Si autem loquamur*), p. 294 (*Ad aliud dico quod*) et p. 302 (*Ad rationem*); *Reportatio* II, q. 14, *OTh* V, p. 316-317 (*Secundo dico quod*) et p. 328 (*Eodem modo*).

3. Cf. *Reportatio* II, q. 12-13, *OTh* V, p. 261-265 et p. 277 (*Loquendo vero*); *Reportatio* II, q. 14, *OTh* V, p. 317 et p. 328-329 (*Ad rationem*); *Reportatio* IV, q. 14, *OTh* VII, p. 290.

4. La première connaissance abstractive, «*quae simul stat cum notitia intuitiva*», est également considérée par Ockham comme étant partiellement causée par cette connaissance intuitive, sans qu'il ne nous explique cependant comment une chose peut être cause d'une autre alors que toutes deux apparaissent simultanément. Sans doute faut-il supposer que la *prima notitia abstractiva* survient instantanément ou immédiatement après la *notitia intuitiva* qui la cause et qu'ayant été ainsi causée, elle persiste aussi longtemps que dure la connaissance intuitive (la première abstractive «*consequitur*» l'intuitive écrit d'ailleurs Ockham en une occasion). Cf. *Reportatio* II, q. 12-13, *OTh* V, p. 261-263 (*Et est hic notandum quod*), p. 264-265 (*Sed de cognitione abstractiva*), p. 277 (*Loquendo vero*) et p. 302 (*Ad rationem*); *Reportatio* II, q. 14, *OTh* V, p. 316 (*Secundo dico quod*), p. 328 (*Eodem modo*), p. 329 (*Tamen prima abstractiva*) et p. 333-334; *Quodlibet* IV, q. 17, *OTh* IX, p. 382 (*Praeterea*).

Ockham appelle « intuitive imparfaite » la connaissance abstractive qui est produite par un habitus (la seconde connaissance abstractive[1]), puisque par elle l'intellect peut juger avec évidence qu'une chose *a existé* ou qu'elle *n'a pas existé*[2]. Or, pour Ockham, seule une connaissance intuitive comporte une telle considération de l'existence et du facteur temporel qui l'accompagne. Mais étant donné qu'ici le jugement évident porte sur l'existence *passée* plutôt que présente, l'intuition est dite « imparfaite ».

Outre ce premier sens, Ockham distingue au moins deux autres acceptions en lesquelles peut être prise la notion de connaissance abstractive. En un second sens, la connaissance abstractive équivaut à la connaissance d'un universel abstrait de multiples singuliers. Définie de la sorte, la connaissance abstractive n'est rien d'autre qu'un concept commun à plusieurs choses singulières[3]. La saisie abstractive d'un universel ne fait pas de mystère pour Ockham. Il lui suffit en effet de reconnaître que l'intellect possède en propre un pouvoir naturel de généralisation : après avoir intuitionné une chose singulière en particulier, l'intellect est apte à concevoir cette chose en général ou, pour le dire autrement, à former à son sujet un concept spécifique (une généralité conceptuelle d'ordre spécifique)[4].

---

1. Seconde selon l'ordre de production réel des *notitiae* et non pas selon l'ordre de notre exposé.

2. Cf. *Reportatio* II, q. 12-13, *OTh* V, p. 261-263, p. 266-267 (*Si dicas quod* (…) *respondeo*) et p. 277 (*Loquendo vero*); *Reportatio* II, q. 14, *OTh* V, p. 318 et p. 336 (*Sed tunc est dubium*).

3. Cf. *Ordinatio*, Prol., q. 1, *OTh* I, p. 30 et p. 65; *Ordinatio*, d. 3, q. 6, *OTh* II, p. 518; *Reportatio* II, q. 12-13, *OTh* V, p. 307; *Reportatio* II, q. 14, *OTh* V, p. 317 (*Tertio dico quod*); *Quaest. variae*, q. 5, *OTh* VIII, p. 175 (*Ad aliud dico quod*); *Summa logicae* III-2, c. 29, *OPh* I, p. 557.

4. Ockham affirme qu'un seul individu suffit pour causer le concept de l'espèce à laquelle il appartient, tandis qu'au moins deux individus d'espèces différentes sont requis pour causer le concept du genre sous lequel se rangent

En un troisième sens, l'abstractive désigne une connaissance qui fait abstraction de la matière et, plus précisément, de
la matière individuée. Ockham retrouve cette acception de
l'abstraction chez Thomas d'Aquin, qu'il critique sévèrement
sur ce point[1]. Selon la lecture qu'en fait Ockham, l'Aquinate
soutient que le principe d'individuation des choses, la matière
désignée (*signata*), fait obstacle à leur intelligibilité, puisque
l'intellect, faculté immatérielle, ne peut appréhender qu'un
objet également immatériel (et donc universel). Par conséquent, pour se donner à lui-même, en tant que possible,
son objet propre et premier, l'intellect, en tant qu'agent, doit
dépouiller les *phantasmata* de la matérialité individuelle
qu'ils véhiculent afin d'abstraire la *species intelligibilis* qu'ils
contiennent en puissance. Ockham refuse cette théorie, essen-
tiellement pour deux raisons : d'abord, étant donné qu'il
conçoit la matière comme une réalité positive dotée d'intelligibilité propre, il affirme que la saisie intellective des réalités
matérielles, tant l'intuitive que l'abstractive, n'a pas à faire
abstraction de leur matière ; ensuite, il pense que la notion
d'espèce intelligible est superflue, est contraire à l'expérience
et compromet la possibilité pour l'intellect d'appréhender les
choses de manière directe et immédiate. Ockham lui substitue
donc la notion d'habitus. Il y a cependant un sens selon lequel
il est légitime, selon Ockham, de parler d'une abstraction par
rapport à la matière. Ce qui est abstrait de la matière, ce n'est
pas l'objet de connaissance, la chose, mais bien plutôt la

---

leurs espèces. En outre, pour Ockham, la production d'un concept spécifique
entraîne immédiatement la formation du concept d'étant. Cf. *Quodlibet* I, q. 13,
OTh IX, p. 77-78 (*Ad quartum*); *Summa logicae* III-2, c. 29, *OPh* I, p. 557;
Quaest. Physic., q. 7, *OPh* VI, p. 411-412 (*Et si quaeras* (…) *respondeo*). Pour
un compte rendu différent, cf. *Ordinatio*, d. 3, q. 6, *OTh* II, p. 518-519.
    1. La critique ockhamienne de la gnoséologie thomasienne se trouve en
Ordinatio, d. 3, q. 6, *OTh* II, p. 483-521 et *Reportatio* II, q. 12-13, *OTh* V,
p. 251-310.

faculté supérieure de connaître, c'est-à-dire l'intellect, et ses actes[1]. En effet, pour Ockham, toute intellection est une qualité immatérielle qui se trouve subjectivement dans une substance immatérielle, l'âme intellective qui, à la différence de la sensitive, opère sans utiliser un quelconque organe corporel. En ce sens bien précis, l'acte intellectif et l'intellect peuvent tous deux être dits « abstraits de la matière »[2].

Ceci dit, alors que la pensée d'Ockham au sujet de la *notitia intuitiva* est bien arrêtée, plusieurs indécisions et ambiguïtés semblent affecter sa conception de la connaissance abstractive. Nous en avons retenu trois.

La première difficulté concerne le rapport de l'abstraction à l'existence. Nous la formulerons de manière interrogative : y a-t-il vraiment une connaissance abstractive *in particulari* qui fasse abstraction de l'existence selon *toutes* ses modalités temporelles? Quand il aborde la question dans le *Prologue* de l'*Ordinatio*, Ockham semble répondre par l'affirmative en posant sans restriction aucune que la *notitia abstractiva* abstrait de l'existence et de la non-existence. Mais une précision importante est apportée ensuite dans les *Quodlibeta* :

1. Cf. *Ordinatio*, Prol., q. 1, *OTh* I, p. 64-65 (*Si dicatur quod* (…) *dico quod*); *Reportatio* II, q. 12-13, *OTh* V, p. 285-286 (*Ideo dico quod*) et p. 306-307 (*Et quando dicit* (…) *respondeo quod*).

2. Il y a une dernière acception de la notion d'abstraction chez le *Venerabilis inceptor :* abstraire signifie penser séparément des choses qui sont unies dans la réalité. L'intellect peut séparer en pensée ce qui existe de manière conjointe dans le réel. Cf. *Ordinatio*, Prol., q. 1, *OTh* I, p. 65 (l. 5-6); *Ordinatio*, d. 3, q. 6, *OTh* II, p. 489-490 (*Praeterea*). En fait, ce n'est pas vraiment un nouveau sens de l'abstraction qui est ainsi mis au jour, mais plutôt l'aptitude intellective qui rend possible tout acte abstractif quel qu'il soit. En effet, lorsque l'intellect se représente abstraitement une chose singulière en particulier, disons telle qualité sensible d'un objet, il la sépare en pensée des autres accidents sensibles avec lesquels elle se trouvait réellement unie lorsqu'il l'a intuitionnée; et quand l'intellect se forme en lui un concept spécifique, il sépare en pensée une quiddité des conditions contingentes qui échoient réellement aux choses qui sont représentées par ce concept spécifique.

Ockham affirme alors que l'abstractive est celle qui abstrait de l'existence *actuelle*[1]. Cette affirmation est renforcée par le fait que le *Venerabilis inceptor*, comme nous l'avons vu, emploie également les épithètes « abstractive » et « intuitive imparfaite » pour qualifier cette connaissance en vertu de laquelle l'intellect peut savoir avec évidence qu'une chose a existé, mais qui ne lui permet pas de juger que la chose existe présentement. Le problème que nous soulevons est affronté directement par Ockham en un passage crucial de la *Reportatio* des *Questions sur le second livre des Sentences*[2]. Après avoir réaffirmé que l'intellect peut donner son assentiment à une proposition existentielle au passé par la médiation d'une connaissance qu'il appelle à la fois « absolument abstractive » (parce qu'elle n'entraîne aucun jugement existentiel au présent) et « intuitive imparfaite » (parce qu'elle permet néanmoins de juger de l'existence passée), Ockham soutient qu'il y a bien une connaissance qui est absolument neutre à l'égard de l'existence (ou de la non-existence) selon toutes ses modalités temporelles, c'est-à-dire une connaissance en vertu de laquelle l'intellect ne peut juger ni de l'existence présente, ni de l'existence passée de l'objet appréhendé. Selon Ockham, cette connaissance purement abstractive peut se présenter en trois cas distincts : 1) Dieu pourrait donner à un intellect la connaissance abstractive d'une chose singulière que cet intellect n'a jamais intuitionnée : dans ce cas, aucun jugement existentiel, quel qu'il soit, ne pourrait être porté à l'endroit de cette chose ; 2) l'intellect peut avoir une connaissance abstractive par laquelle il saisit une chose singulière – peu importe qu'il l'ait vue ou non auparavant – en un concept commun à

---

1. *Quodlibet* I, q. 14, *OTh* IX, p. 79 : « *abstractiva abstrahit ab existentia actuali* ». Voir aussi *Ordinatio*, Prol., q. 1, *OTh* I, p. 40 : « (…) *cum talis cognitio <abstractiva> secundum omnes abstrahat ab hic et nunc* (…) ».

2. *Reportatio* II, q. 12-13, *OTh* V, p. 266-267 (*Si dicas quod* (…) *respondeo*).

cette chose et à plusieurs autres : dans ce cas aussi, l'intellect
ne peut ni juger que la chose singulière existe, ni juger qu'elle a
existé (pas plus qu'il n'est capable des jugements opposés de
non-existence); par exemple, par l'acte même d'appréhension
de l'homme en général (le concept spécifique d'homme),
l'intellect signifie indifféremment et également tous les individus humains (passés, présents, futurs et même possibles),
mais il n'en connaît aucun en particulier et, conséquemment,
aucun ne peut faire l'objet d'un jugement existentiel; 3) enfin,
la connaissance abstractive qui est concomitante à la connaissance intuitive (la première connaissance abstractive) constitue une telle connaissance purement abstractive, c'est-à-dire
qu'elle est telle, selon Ockham, qu'elle ne permet à l'intellect
ni de juger qu'une chose existe, ni de juger qu'une chose a
existé (pas plus qu'elle ne rend possible les jugements opposés
de non-existence)[1]. La possibilité (2) ne dissipe aucunement
l'interrogation que nous avons soulevée, puisque cette dernière porte précisément sur le cas de la connaissance abstractive *in particulari* (par opposition à l'abstractive *in communi*
ou *in universali* qui est évoquée ici par Ockham). La possibilité (3) ne permet pas non plus de répondre à notre question,
puisque, pour Ockham lui-même, la connaissance abstractive
simultanée à l'intuitive ne joue aucun rôle opératoire à l'égard
de la connaissance effective des choses : elle n'est rien d'autre
qu'une simple hypothèse théorique qui sert à expliquer d'où
provient l'habitus qui incline à la seconde connaissance
abstractive (l'intuitive imparfaite). Ockham s'est cru obligé de
poser cette hypothèse par souci de fidélité au principe aristotélicien voulant que l'habitus soit engendré par des actes
semblables à ceux qu'il dispose à accomplir[2]. Mais il admet

---

1. Cette totale neutralité existentielle de la *prima notitia abstractiva* est
soulignée à nouveau par Ockham en *Reportatio* II, q. 14, *OTh* V, p. 334-335
(*Aliud sciendum est quod*).

2. Cf. *Reportatio* II, q. 12-13, *OTh* V, p. 261-265.

parallèlement qu'il s'agit d'une hypothèse contraire à l'expérience[1] et qu'elle devrait donc être rejetée au profit d'un modèle explicatif plus simple selon lequel l'habitus qui incline à l'intuition imparfaite est directement engendré par une connaissance intuitive parfaite[2]. Reste la possibilité (1), avec laquelle nous sommes reconduits au moyen que Guillaume d'Ockham utilise afin de mettre au jour une caractérisation de la *duplex notitia incomplexa* qui est nécessaire et absolue : comme il l'a fait pour l'intuitive, le raisonnement *de potentia Dei absoluta* permet à Ockham de saisir la nature propre de ce type de connaissance qu'est l'abstractive. De façon nécessaire et absolue, la connaissance abstractive incomplexe est bien celle en vertu de laquelle l'intellect ne peut savoir avec évidence qu'une chose existe ou n'existe pas, ni qu'elle a existé ou n'a pas existé. Cependant, pour plus de clarté, le *Venera-*

---

1. En effet, l'expérience témoigne du fait qu'une seule et même chose peut être simultanément saisie en une intuition et un concept commun (je vois cet arbre-ci en même temps que je le pense sous le concept d'arbre en général), mais nous ne faisons jamais l'expérience d'avoir au même moment une connaissance intuitive et une connaissance abstractive *in particulari* d'une seule et même chose ; c'est plutôt le contraire que nous expérimentons : si je vois une chose, je ne me la représente pas au même moment d'une connaissance abstractive propre, puisque cette chose est présente, et si je me représente abstraitement une chose en particulier, c'est bien parce que je ne la vois pas en ce moment (parce qu'elle est absente ou n'existe plus).

2. Cf. *Reportatio* II, q. 12-13, *OTh* V, p. 265-266 (*Aliter potest dici*). Mentionnons que « connaissance intuitive parfaite » désigne chez Ockham l'intuitive au sens strict, telle qu'elle a été définie jusqu'à présent, à savoir cette connaissance incomplexe en vertu de laquelle l'intellect peut connaître avec évidence des vérités contingentes au présent. À la question suivante (*Reportatio* II, q. 14, *OTh* V, p. 333-336), Ockham revient à la thèse concurrente – celle qui affirme qu'il est nécessaire qu'il y ait une *prima abstractiva* concomitante à l'intuitive afin que soit engendré un habitus de connaissance intuitive imparfaite –, avant de la remettre en doute une dernière fois (*ibid.*, p. 336-337 (*Sed tunc est dubium*)) et clore la discussion sur une note interrogative : « *Sed a quo generatur ille habitus? Responsionem quaere* » (*ibid.*, p. 337) – les éditeurs nous renvoyant à … la question précédente (q. 12-13) !

bilis inceptor aurait dû procéder de façon symétrique par rapport à sa présentation de l'intuitive et préciser expressément que, selon le cours ordinaire ou naturel des choses, la connaissance abstractive incomplexe *in particulari* est celle qui permet à l'intellect de juger avec évidence de la vérité d'une proposition existentielle au passé. La raison en est que, *de potentia Dei ordinata*, toute connaissance abstractive présuppose causalement une connaissance intuitive[1], laquelle implique toujours une perception du temps[2]. Ainsi, bien qu'il ne s'exprime pas explicitement et de manière tout à fait claire à ce sujet, Ockham pourrait répondre à la question que nous posions initialement en disant que, *naturaliter loquendo*, il n'y a pas de *notitia abstractiva incomplexa in particulari* qui fasse abstraction de l'existence selon *toutes* ses modalités temporelles : une connaissance de ce type abstrait de l'existence selon la modalité du présent mais pas selon la modalité du passé, puisqu'elle est toujours apte à causer l'évidence pour un jugement existentiel au passé. Bref, si elle est naturellement produite, la connaissance abstractive incomplexe *in particulari* est toujours une connaissance intuitive imparfaite[3].

---

1. Cf. *Ordinatio*, Prol., q. 1, *OTh* I, p. 61 (*Ad primam probationem*) et p. 72 (*Ad ultimum*); *Reportatio* II, q. 12-13, *OTh* V, p. 269-271 (*Secunda conclusio*) et p. 277 (*Loquendo vero*); *Quodlibet* I, q. 13, *OTh* IX, p. 73 (*Secundo dico quod*).

2. Cf. *Ordinatio*, Prol., q. 1, *OTh* I, p. 64 (*Ad tertium*).

3. On pourrait objecter qu'il y a bien des cas naturels où l'intellect imagine une chose singulière qui n'existe pas et n'a jamais existé (une chimère par exemple). Outre le fait qu'il y a une différence entre appréhender une chose en faisant abstraction de son existence et appréhender quelque chose qui n'existe pas effectivement (ou qui ne pourrait même pas exister), nous pourrions rétorquer qu'une telle abstraction ou une telle représentation imaginaire (comme celle de la chimère), bien que son objet considéré en entier ne puisse être l'objet d'aucune intuition, constitue une connaissance composée dont chaque élément cognitif remonte ultimement à l'appréhension intuitive d'une chose réelle ou d'une partie d'une chose réelle.

La seconde difficulté concerne le rapport de l'abstraction à la singularité. À l'instar de la première, nous la formulerons de manière interrogative : la connaissance abstractive peut-elle vraiment être propre à une chose singulière en particulier ? Autrement dit : toute connaissance abstractive n'est-elle pas de soi une connaissance universelle ? Dans l'affirmative, il y aurait télescopage entre les deux premiers sens de l'abstraction que nous avons distingués avec Ockham. Dans le *Prologue* de l'*Ordinatio*, alors qu'il pose pour la première fois sa distinction entre la connaissance qui porte sur un universel abstrait et la connaissance qui abstrait de l'existence et de la non-existence, Ockham ajoute, à propos de la seconde, qu'elle abstrait aussi « des autres conditions qui échoient de manière contingente à la chose ou qui sont prédiquées de la chose »[1]. Or, si l'intellect connaît une chose en l'abstrayant non seulement du fait qu'elle existe ou non, mais aussi des « autres conditions qui lui échoient de manière contingente », il semble bien que la résultante cognitive de cette opération d'abstraction soit un concept ayant un certain degré de généralité. Bien plus, si cette opération abstractive est poussée jusqu'au point où toutes les caractéristiques extrinsèques qui affectent la chose sont mises de côté, c'est un concept quidditatif spécifique que l'intellect obtient dans ce cas, c'est-à-dire une représentation générale qui indique la quiddité de la chose initialement appréhendée et qui convient également à toute autre chose spécifiquement semblable à celle-ci. Si cette lecture est juste, l'abstraction selon l'existence ne ferait donc pas connaître une chose singulière en particulier mais serait plutôt une connaissance commune à plusieurs choses singulières. Pourtant, en de nombreux

---

1. *Ordinatio*, Prol., q. 1, *OTh* I, p. 31 : « *Aliter accipitur cognitio abstractiva secundum quod abstrahit ab exsistentia et non exsistentia et ab aliis condicionibus quae contingenter accidunt rei vel praedicantur de re* » (c'est nous qui soulignons).

passages de son œuvre [1], Ockham reconnaît expressément que la connaissance abstractive peut avoir pour objet une chose singulière *in particulari*. En sens contraire, Ockham précise que toute connaissance abstractive *simple* est de soi une connaissance commune ou universelle [2]. Pour le *Venerabilis inceptor*, l'explication de ce fait se trouve sur le plan de la causalité : l'intuitive est une connaissance simple propre à une chose singulière puisqu'elle est immédiatement causée (ou apte à être causée) par cette chose-ci et non celle-là (aussi semblables ces choses soient-elles entre elles); à l'inverse, l'abstractive simple est une connaissance commune à plusieurs choses singulières, c'est-à-dire qu'elle n'est pas plus la similitude d'une chose singulière que d'une autre spécifiquement semblable – elle représente de manière égale plusieurs choses spécifiquement semblables –, puisqu'elle n'est pas immédiatement causée (ni apte à être immédiatement causée) par une chose (elle est immédiatement causée soit par une connaissance intuitive, soit par un habitus). L'appropriation de la connaissance intuitive à un objet singulier en particulier s'explique par le fait que l'intuition est l'effet cognitif immédiat de son objet. Corrélativement, la médiation causale de l'intuition ou de l'habitus qui prend place entre la chose et la connaissance abstractive simple est la raison pour laquelle cette dernière est commune, c'est-à-dire qu'elle se rapporte à plusieurs choses qui se ressemblent. Ockham nie donc qu'il puisse y avoir une connaissance abstractive qui soit à la fois simple et propre à une chose singulière en particulier. Par conséquent, toutes les fois où Ockham parle d'une connais-

---

1. Cf. *Ordinatio*, Prol., q. 1, *OTh* I, p. 6-7 (*Dicendum quod*), p. 23, p. 32 et p. 42 (*Si dicatur quod* (...) *hoc verum est*); *Reportatio* II, q. 14, *OTh* V, p. 316 (*Ideo dico quod*).

2. Cf. *Quodlibet* I, q. 13, *OTh* IX, p. 73 (*Secundo dico quod*), p. 74 (*Tertio dico quod*) et p. 76 (*Ad primum*); *Quodlibet* V, q. 7, *OTh* IX, p. 506 (*Quarto dico quod*).

sance abstractive propre à une chose singulière en particulier, il faudrait supposer qu'il sous-entend une connaissance *composée* et non pas simple. Cette lecture s'accorde d'ailleurs avec ce que le *Venerabilis inceptor* affirme explicitement en un passage important de la treizième question du premier *Quodlibet*[1]. Mais qu'est-ce qu'une *cognitio composita*? La connaissance composée ne doit pas être confondue avec la connaissance complexe : celle-ci est un acte propositionnel qui est susceptible de vérité ou de fausseté alors que celle-là est un acte anté-propositionnel qui consiste en une conjonction de plusieurs concepts simples. Et puisque le concept simple est une connaissance abstractive universelle, cela revient à dire que le concept composé est une connaissance abstractive singulière (propre à un individu) qui résulte du croisement unique de plusieurs universaux. Par exemple, en composant les concepts universels «être de telle figure», «être de telle couleur», «être de telle longueur», «être de telle largeur» et «être en tel lieu» (la liste n'est pas forcément exhaustive), l'intellect obtient une connaissance abstractive propre à tel individu en particulier ou encore le concept de cet individu (au sens large de la notion de concept). Ockham nous dit qu'une telle connaissance composée est le principe de la mémoire : par elle, le sujet connaissant se remémore telle chose singulière qu'il a déjà vue, ou encore se souvient avoir vu telle chose singulière, ce qui, bien sûr, est différent, mais le *Venerabilis inceptor* passe négligemment de l'une à l'autre formulation. Même si Ockham ne fait pas le lien, ses propos nous reconduisent à la notion de connaissance intuitive imparfaite, cette connaissance par laquelle l'intellect sait avec évidence qu'une chose a existé (ou n'a pas existé). Le concept composé remémoratif dont nous parle ici Ockham est-il cette connaissance

---

1. *Quodlibet* I, q. 13, *OTh* IX, p. 77 (*Ad tertium*) : «(…) *videndo aliquid, habeo aliquam cognitionem abstractivam propriam, sed illa non erit simplex sed composita ex simplicibus*».

intuitive imparfaite dont il était question plus haut? Une telle identification semble difficile à opérer, car le *Venerabilis inceptor* n'a jamais affirmé que l'intuitive imparfaite est une connaissance composée, ni qu'elle permettait de juger de vérités contingentes autres que la seule proposition existentielle au passé («*Haec res fuit*» ou «*Haec res non fuit*»). En fin de compte, nous ne voyons pas très bien pourquoi Ockham s'embarrasse d'une telle notion de concept composé, alors que l'idée d'un acte intuitif, parfait ou imparfait, qui embrasse plusieurs *res* à la fois (une substance et ses diverses qualités, par exemple) suffit pour rendre compte de la connaissance propre ou singulière. Selon nous, une possible raison qui expliquerait pourquoi Ockham fait l'hypothèse d'un concept composé à titre de *cognitio abstractiva* initiale propre à la chose intuitivement saisie serait la nécessité de trouver une cause adéquate à l'habitus qui incline à la connaissance abstractive seconde (l'intuitive imparfaite). Nous allons examiner dans un instant cet aspect de la pensée ockhamienne.

La troisième et dernière difficulté concerne les causes respectives de la *prima notitia abstractiva* et de l'habitus de connaissance intuitive imparfaite. Relativement au premier point, Ockham se contredit en affirmant à la fois que la chose est cause partielle immédiate (avec l'intuition et l'intellect) de la première connaissance abstractive[1] et que celle-ci n'est pas immédiatement causée (ni apte à être immédiatement causée) par la chose – l'intuition (avec l'intellect) étant suffisante pour la produire[2]. Ockham reconnaît d'ailleurs qu'il y a contradic-

---

1. Cf. *Reportatio* II, q. 12-13, *OTh* V, p. 277 (*Loquendo vero*); *Reportatio* II, q. 14, *OTh* V, p. 316-317 (*Secundo dico quod*), p. 328 (*Eodem modo*); *Quodlibet* I, q. 13, *OTh* IX, p. 78 (*Et si quaeras (…) respondeo*); *Quaest. Physic.*, q. 7, *OPh* VI, p. 411 (*Et si quaeras (…) respondeo*).

2. Cf. *Reportatio* II, q. 14, *OTh* V, p. 333-334; *Quodlibet* I, q. 13, *OTh* IX, p. 74 (*Tertio dico quod*).

tion sur ce point[1]. Si notre auteur fait ici référence à la *prima abstractiva* qui est posée pour rendre compte de l'engendrement de l'habitus de connaissance intuitive imparfaite, alors la cohérence de sa pensée exige qu'il prenne position en faveur de la première thèse, celle de la causalité immédiate de l'objet, puisque, nous l'avons vu[2], il fait d'une telle causalité l'unique raison du caractère propre de la connaissance produite. Or, l'intuitive imparfaite étant une connaissance singulière propre, l'habitus qui permet de l'actualiser doit provenir d'une connaissance qui soit également propre, et si celle-ci est d'ordre abstractif, alors, en vertu de ce que nous avons exposé plus haut, elle doit être non pas simple mais composée. En revanche, s'il était question de la *prima abstractiva* simple qu'est le concept spécifique (le concept général d'homme, par exemple), alors, pour demeurer cohérent, notre auteur devrait adopter la seconde thèse, à savoir celle qui stipule que l'objet n'est pas cause immédiate de cette connaissance, puisque celle-ci est commune et non pas propre à une chose singulière en particulier. Il est cependant correct d'affirmer que, selon Ockham, la chose est cause *médiate* de la *prima notitia abstractiva* comprise comme concept spécifique, puisqu'elle produit l'intuition dont cette abstractive dépend. Quant au second point, nous avons déjà présenté les deux explications rivales que propose Ockham pour rendre compte de la formation de l'habitus qui dispose à la connaissance intuitive imparfaite[3]. Étant admis le principe aristotélicien selon lequel un

1. Cf. *Reportatio* II, q. 14, *OTh* V, p. 333 : « *illa notitia <abstractiva> non <causatur> ab obiecto, licet tamen contrarium dicatur* ». Bien que Guillaume fasse ici référence à la *prima abstractiva* qu'est l'abstractive propre concomitante à l'intuitive, notons que la contradiction que nous relevons concerne aussi bien la *prima abstractiva* simple qu'est le concept spécifique (dans l'ordre des généralités conceptuelles, le concept de l'espèce spécialissime est premier, *primitate generationis*, par rapport aux concepts génériques).

2. Cf. *supra*, p. 41-42.

3. Cf. *supra*, p. 37-38.

habitus est engendré par des actes de même nature (*eiusdem rationis* ou *speciei*) que ceux qu'il incline à accomplir, la difficulté à laquelle Ockham fait face est la suivante : d'une part, l'intuition imparfaite ne peut dépendre d'un habitus qui a été engendré par une intuition parfaite, puisque celle-ci est de nature telle qu'elle rend possible l'évidence pour un jugement existentiel au présent, alors que celle-là est de nature telle qu'elle ne permet pas de porter un jugement de la sorte ; d'autre part, l'intuition imparfaite ne peut dépendre d'un habitus qui a été engendré par une connaissance purement abstractive (telle que la *prima abstractiva* concomitante à l'intuitive), puisque celle-ci ne permet aucun jugement existentiel, ni au présent, ni au passé, alors que celle-là rend possible l'évidence pour un jugement existentiel au passé. Bref, l'intuition imparfaite, puisqu'elle occupe une position gnoséologique mitoyenne entre l'intuition parfaite et l'abstraction pure, emprunte en partie à toutes les deux sans être totalement semblable à l'une ou à l'autre ; et parce qu'elle est différente *secundum rationem* autant de l'intuition parfaite que de l'abstraction pure, l'intuition imparfaite ne peut découler d'aucune des deux par la médiation d'un habitus. Ockham explore tour à tour les deux hypothèses concurrentes et ne nous dit pas finalement quelle solution il adopte sur cette question. Selon nous, il aurait dû logiquement privilégier la position voulant que l'habitus de connaissance intuitive imparfaite soit directement engendré par une connaissance intuitive parfaite[1] et ce, pour deux raisons : outre le fait qu'aucune des deux possibilités ne satisfait de toute façon le principe aristotélicien de l'engendrement de l'habitus, celle niant qu'il y ait une abstractive concomitante à l'intuitive est plus économique (application du « rasoir d'Ockham » !) et, contrairement à sa rivale, s'accorde à

---

1. Voir d'ailleurs en ce sens le premier *respondeo* de la page 266 de la *Reportatio* II, q. 12-13, *OTh* V.

l'expérience. Mais Ockham ne pouvait accepter cette solution sans se contredire lui-même, puisqu'il affirme à deux reprises au moins que la connaissance intuitive n'engendre aucun habitus[1]. En guise de solution de rechange, nous aimerions proposer l'explication gnoséologique suivante. L'intuition parfaite, avec la perception continue du temps présent qu'elle comporte, et l'objet actuellement existant qu'elle appréhende concourent à titre de causes partielles pour produire un jugement existentiel évident au présent. Cette intuition parfaite laisse dans l'intellect une trace mnésique – qui n'est pas au départ un habitus à proprement parler, mais peut le devenir – grâce à laquelle l'intellect peut réactiver en lui la vision de l'objet initialement appréhendé même si celui-ci n'est plus là. En l'absence de l'objet comme cause motive extérieure, la vision intellective en différé (que l'on peut appeler « intuition imparfaite ») – avec la perception implicite de la différence temporelle qui la sépare du moment où s'est produite l'intuition initiale – agit seule pour causer un jugement existentiel évident au passé. Ce modèle explicatif ne nous semble pas comporter de difficulté théorique et il est tout à fait conforme aux principes de la pensée ockhamienne.

Quoi qu'il en soit de la validité de ce modèle, notre lecture des textes d'Ockham nous aura conduits, en bout de ligne, à une notion de connaissance abstractive qui se réduit à l'acception traditionnelle qui en fait une connaissance universelle. En effet, si l'hypothèse d'une *prima abstractiva* concomitante à l'intuitive parfaite est abandonnée, si l'abstractive *in particulari* est en fait une intuitive imparfaite, si l'abstractive simple constitue de soi une connaissance commune et si, finalement, il est possible d'expliquer la genèse du jugement exis-

---

1. Cf. *Reportatio* II, q. 12-13, *OTh* V, p. 264 et p. 293. En effet, l'expérience nous enseigne que l'intellect n'est pas davantage incliné à voir une chose après l'avoir vue un certain nombre de fois que lorsqu'il l'a vue pour la première fois.

tentiel au passé en ne posant que des connaissances d'ordre intuitif, alors le seul sens qui subsiste pour caractériser la connaissance abstractive telle que la conçoit Ockham est celui d'une connaissance universelle.

CONCLUSION
DU CONCEPT À LA CHOSE
ÉTIOLOGIE DES ACTES DE CONNAISSANCE INCOMPLEXES

Nous l'avons souligné dans la deuxième section de cette étude : c'est à travers le prisme de l'analyse transcendantale que Guillaume d'Ockham étudie en premier lieu le thème de la *duplex notitia incomplexa*. Mais Ockham n'est pas le théoricien d'une pure logique de la connaissance *a priori*. La connaissance, pour lui, se rapporte à un monde réel *extra animam* et, qui plus est, elle y trouve son origine. En complément à la démarche analytique qui est la sienne, Ockham propose donc une étiologie réaliste des actes de connaissance incomplexes. Autrement dit, le *Venerabilis inceptor* complète son analyse transcendantale du jugement par l'explication du processus gnoséologique qui va de la chose empiriquement donnée au concept naturellement formé qui la représente[1]. Pour exprimer la démarche ockhamienne de manière interrogative, nous pourrions dire que notre théologien franciscain se pose maintenant la question suivante : quelles sont les conditions de possibilité *réelles* des actes de connaissance incomplexes ? Les sections précédentes nous ont fourni plusieurs occasions pour apporter des éléments de réponse à cette question, mais nous aimerions conclure notre étude par un

---

1. Dans cette section, nous ne prenons en considération que le domaine des objets sensibles naturellement connus par l'homme et nous mettons délibérément de côté l'étude des actes de connaissance réflexes et complexes en eux-mêmes.

essai de synthèse en mettant d'abord en relief les trois principes recteurs du modèle gnoséologique ockhamien[1] : la causalité, la naturalité et la représentationnalité. La causalité :
toute *notitia incomplexa* est l'effet médiat ou immédiat d'une
chose extra-mentale qui agit sur les facultés cognitives[2]. La
naturalité : la production d'une *notitia incomplexa* s'effectue
suivant un processus qui ne nécessite aucune intervention
volontaire de la part du sujet connaissant[3]. La représentationnalité : toute *notitia incomplexa* est une similitude ou une
représentation de l'objet : elle représente une seule chose
singulière si elle est une connaissance intuitive et plusieurs
choses objectivement semblables si elle est une connaissance
abstractive simple. Le troisième principe présuppose les deux
premiers : c'est parce que l'acte de connaissance incomplexe

---

1. Nous inférons ces trois principes à partir des propos que tient Ockham
lui-même dans les différentes œuvres auxquelles nous avons fait référence tout
au long de cette étude.

2. Autrement dit, cette thèse postule un processus de connaissance dans
lequel l'efficace relève de la chose : les facultés cognitives du sujet connaissant
ne jouent aucun rôle actif dans la formation des diverses connaissances
incomplexes.

3. Le corollaire de cette thèse est que tous les sujets connaissants qui sont
mis en présence des mêmes objets dans les mêmes conditions obtiennent, en
termes de contenus de connaissance, les mêmes *notitiae incomplexae*, alors
qu'ils peuvent employer des termes conventionnels différents pour nommer un
même objet, en fonction des diverses communautés linguistiques auxquelles
ils appartiennent. Par ailleurs, il est évident que pour intuitionner une chose,
l'intellect doit se tourner vers elle, lui être attentif, et l'attention peut dépendre
d'un acte de volonté (*cf.* nos propos concernant la condition de l'attention
délibérée, *supra*, p. 26-29), mais ce n'est pas ce qui est en jeu dans la thèse de la
naturalité : celle-ci postule simplement qu'à partir du moment où une connaissance incomplexe est effectivement produite par l'objet, la volonté du sujet
connaissant n'a aucunement le pouvoir de déterminer ce qu'elle est, ce qu'elle
représente et ce qu'elle produit comme effet cognitif. Dans cette optique, les
facultés cognitives sont naturellement déterminées à fonctionner toujours de la
même manière et il n'est pas du ressort de la volonté du sujet connaissant de
modifier ce fonctionnement naturel.

est naturellement causé par un objet réel qu'il le représente, ou encore : ce que représente l'acte de connaissance incomplexe est objectivement fixé par la causalité naturelle qu'exerce la chose extra-mentale sur les facultés cognitives. Le fait que le *Venerabilis inceptor* nie qu'il y ait des *species* (sensibles ou intelligibles) qui interviennent dans les mécanismes cognitifs ne le prive pas de concevoir la connaissance en termes de similitude représentative. En effet, le modèle gnoséologique ockhamien repose sur une structure triadique : l'acte cognitif incomplexe, qu'il soit intuitif ou abstractif, est une *res absoluta* numériquement distincte et du sujet noétique dont elle est une qualité et de l'objet réel dont elle est une *similitudo*. Ainsi, l'acte cognitif incomplexe est bel et bien une entité intermédiaire qui relie la faculté de connaître à la chose par mode de représentation.

Nous terminerons notre étude par un schéma synthétique. Tel que nous pouvons le reconstruire à partir des éléments théoriques que nous avons antérieurement mis au jour, le processus gnoséologique que nous présente Ockham se déroule suivant une séquence causale en cinq temps, où le symbole « ↓ » signifie justement un lien de causalité.

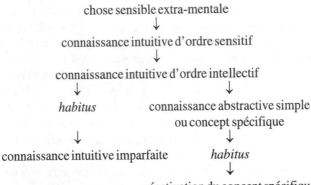

chose sensible extra-mentale
↓
connaissance intuitive d'ordre sensitif
↓
connaissance intuitive d'ordre intellectif
↓   ↓
habitus   connaissance abstractive simple
                          ou concept spécifique
↓   ↓
connaissance intuitive imparfaite   *habitus*
                                            ↓
                      réactivation du concept spécifique

Notes à la traduction française

Nous avons placé entre crochets obliques, < >, tous les termes, syntagmes ou ensembles de mots français pour lesquels il ne se trouvait aucun terme, syntagme ou ensemble de mots correspondant dans l'original latin, mais que nous avons cru bon ajouter à notre traduction, et ce pour l'une ou l'autre des trois raisons suivantes : 1) compléter une phrase formulée de manière elliptique par Ockham, afin de la rendre pleinement lisible et intelligible en français ; 2) apporter une précision qui nous paraissait nécessaire pour assurer une juste compréhension du texte d'Ockham ; 3) obtenir des phrases correctes du point de vue de la syntaxe française.

En outre, tous les titres et sous-titres de sections, également placés entre crochets obliques, traduisent, à quelques exceptions près, ceux qui ont été retenus par les éditeurs de l'Institut franciscain de St. Bonaventure.

Par ailleurs, les chiffres que nous avons aussi insérés entre crochets obliques renvoient aux numéros de pages des volumes de l'édition critique de St. Bonaventure.

Enfin, le terme « chose » placé entre crochets obliques joue le rôle d'indicateur de « substantivité », c'est-à-dire que sa fonction consiste tout simplement à rendre sous mode nominal en français un participe parfait passif, un participe présent, un adjectif ou un pronom au neutre donné comme substantif en latin. Pour opérer cette traduction sans modifier la signification du participe, de l'adjectif ou du pronom latin, il nous fallait utiliser un terme à universalité maximale, c'est-à-dire un terme susceptible d'être prédiqué de tout : c'est le cas du terme « <chose> », du moins tel que nous le faisons fonctionner ici comme simple marqueur de « substantivité ». Toutefois, lorsque le terme « chose » apparaît sans crochets obliques dans notre traduction, il rend alors le terme « *res* » qui se trouve dans le texte d'Ockham.

Dernier point. Les éditeurs de St. Bonaventure ont inséré entre les signes |§ §| les mots ou les phrases qui sont (ou leur semblaient être) des additions d'Ockham sur la rédaction initiale de son *Commentaire au premier livre des Sentences*[1] : nous les avons suivis dans cet usage pour les extraits de cette œuvre que nous avons traduits.

---

1. À ce sujet, voir l'«*Introductio*» dans le premier volume de l'édition critique des œuvres d'Ockham : *Opera theologica* I, G. Gál et S. Brown (eds.), St. Bonaventure (New York), Franciscan Institute, 1967, p. 11*-31* (particulièrement p. 20*).

NOTICE BIBLIOGRAPHIQUE
des ouvrages et articles consultés pour la rédaction de cette étude

ADAMS, M. McCORD, « Intuitive Cognition, Certainty, and Scepticism in William Ockham », *Traditio* 26 (1970), p. 389-398.
– *William Ockham*, Notre Dame (Indiana), University of Notre Dame Press, 1987 (2 vol.).
BAUDRY L., *Lexique philosophique de Guillaume d'Ockham. Étude des notions fondamentales*, Paris, Lethielleux, 1958.
BÉRUBÉ C., *La connaissance de l'individuel au Moyen Âge*, Montréal-Paris, PUM-PUF, 1964.
BIARD J., *Guillaume d'Ockham et la théologie*, Paris, Le Cerf, 1999.
– *Guillaume d'Ockham. Logique et philosophie*, Paris, PUF, 1997.
BOEHNER P., *In Propria Causa*, dans *Collected Articles on Ockham*, E.M. Buytaert (éd.), St. Bonaventure (New York), The Franciscan Institute, 1958, p. 300-319.
– *The Notitia Intuitiva of Non-existents according to William Ockham*, dans *Collected Articles on Ockham*, E.M. Buytaert (éd.), St. Bonaventure (New York), The Franciscan Institute, 1958, p. 268-300.
BOLER J.F., *Intuitive and Abstractive Cognition*, dans *The Cambridge History of Later Medieval Philosophy*, N. Kretzmann, A. Kenny, J. Pinborg (éd.), Cambridge, Cambridge University Press, 1982, p. 460-478.
– « Ockham on Evident Cognition », *Franciscan Studies* 36 (1976), p. 85-98.

– « Ockham on Intuitive Cognition », *Journal of the History of Philosophy* 11 (1973), p. 95-106.

BRAMPTON C.K., « Scotus, Ockham and the Theory of Intuitive Cognition », *Antonianum* 40 (1965), p. 449-466.

CHOJNACKI P., *Les facteurs et les limites de la connaissance humaine d'après la critique d'Occam et de Nicolas d'Autrecourt*, dans *L'homme et son destin d'après les penseurs du Moyen Âge. Actes du premier congrès international de philosophie médiévale*, Louvain-Paris, Nauwelaerts, 1960, p. 681-687.

DAVIS L.D., « The Intuitive Knowledge of Non-Existents and the Problem of Late Medieval Skepticism », *The New Scholasticism* 49 (1975), p. 410-430.

DAY S.J., *Intuitive Cognition. A Key to the Significance of the Later Scholastics*, St. Bonaventure (New York), The Franciscan Institute, 1947.

DUMONT S.D., « Theology as a Science and Duns Scotus's Distinction between Intuitive and Abstractive Cognition », *Speculum* 64 (1989), p. 579-599.

GODDU A., *The Physics of William of Ockham*, Leiden-Köln, Brill, 1984.

GUELLUY R., *Philosophie et théologie chez Guillaume d'Ockham*, Paris-Louvain, 1947.

KARGER E., *Ockham's Misunderstood Theory of Intuitive and Abstractive Cognition*, dans *The Cambridge Companion to Ockham*, P.V. Spade (éd.), Cambridge, Cambridge University Press, 1999, p. 204-226.

LEPPIN V., « Does Ockham's Concept of Divine Power Threaten Man's Certainty in His Knowledge of the World ? », *Franciscan Studies* 55 (1998), p. 169-180.

MAURER A., *The Philosophy of William of Ockham in the Light of Its Principles*, Toronto, PIMS, 1999.

MCGRADE A.S., *Seeing Things : Ockham and Representationalism*, dans *L'homme et son univers au Moyen Âge. Actes du septième congrès international de philosophie médiévale*, C. Wenin (éd.), Louvain-Paris, Peeters-Vrin, 1986, p. 591-597.

MURALT A. de, *Les conséquences de la doctrine occamienne de la toute-puissance divine. La connaissance intuitive d'une chose qui n'existe pas*, dans *L'enjeu de la philosophie médiévale. Études thomistes, scotistes, occamiennes et grégoriennes*, Leiden, Brill, 1991, p. 352-407.

PANACCIO Cl., *Intellect and Will in William of Ockham's Nominalism*, à paraître.

– «Intuition, abstraction et langage mental dans la théorie occamiste de la connaissance», *Revue de Métaphysique et de Morale* (1992/1), p. 61-81.

– *Le discours intérieur. De Platon à Guillaume d'Ockham*, Paris, Seuil, 1999.

– *Les mots, les concepts et les choses. La sémantique de Guillaume d'Occam et le nominalisme d'aujourd'hui*, Montréal-Paris, Bellarmin-Vrin, 1991.

– *Ockham on Concepts*, Ashgate, 2004.

RICHARDS R.C., «Ockham and Skepticism», *The New Scholasticism* 42 (1968), p. 345-363.

SCOTT T.K., «Ockham on Evidence, Necessity, and Intuition», *Journal of the History of Philosophy* 7 (1969), p. 27-49.

SPRUIT L., *Species Intelligibilis. From Perception to Knowledge*, vol. 1, *Classical Roots and Medieval Discussions*, Leiden, Brill, 1994.

STREVELER P.A., «Ockham and his Critics on : Intuitive Cognition», *Franciscan Studies* 35 (1975), p. 223-236.

STUMP E., *The Mechanisms of Cognition : Ockham on Mediating Species*, dans *The Cambridge Companion to Ockham*, P.V. Spade (éd.), Cambridge, Cambridge University Press, 1999, p. 168-203.

TACHAU K.H., *The Response to Ockham's and Aureol's Epistemology (1320-1340)*, dans *English Logic in Italy in the 14th and 15th Centuries. Acts of the 5th European Symposium on Medieval Logic and Semantics*, A. Maierù (éd.), Naples, Bibliopolis, 1982, p. 185-217.

WENGERT R.G., «The Sources of Intuitive Cognition in William of Ockham», *Franciscan Studies* 41 (1981), p. 415-447.

– « Three Senses of Intuitive Cognition : A Quodlibetal Question of Harvey of Nedellec », *Franciscan Studies* 43 (1983), p. 408-431.

WOOD R., *Intuitive Cognition and Divine Omnipotence : Ockham in Fourteenth-Century Perspective*, dans *From Ockham to Wyclif*, A. Hudson et M. Wilks (éd.), Basil Blackwell, 1987, p. 51-61.

Guillaume d'Ockham

INTUITION ET ABSTRACTION

ORDINATIO, PROLOGUS
QUAESTIO 1

UTRUM SIT POSSIBILE INTELLECTUM VIATORIS HABERE NOTITIAM EVIDENTEM DE VERITATIBUS THEOLOGIAE

Expositio terminorum quaestionis

<5> Circa istam quaestionem primo exponendi sunt aliqui termini positi in quaestione : et primo, quid importetur per intellectum viatoris ; secundo, quid nomine notitiae evidentis ; tertio, quid per veritates theologiae. (...)

Circa primum dico quod intellectus viatoris est ille qui non habet notitiam intuitivam deitatis sibi possibilem de potentia Dei ordinata. Per primum excluditur intellectus beati, qui notitiam intuitivam deitatis habet ; per secundum excluditur intellectus damnati, cui non est illa notitia possibilis de potentia Dei ordinata, quamvis sit sibi possibilis de potentia Dei absoluta.

ORDINATIO, PROLOGUE
QUESTION 1

S'IL EST POSSIBLE QUE L'INTELLECT DE L'HOMME ICI-BAS
AIT UNE CONNAISSANCE ÉVIDENTE DES VÉRITÉS
DE LA THÉOLOGIE

<Explication des termes de la question>

<5> Relativement à cette question, doivent être expliqués d'abord quelques termes qui sont posés dans la question : et premièrement, ce qui est désigné par «intellect de l'homme ici-bas »; deuxièmement, ce qui <est désigné> par le nom de connaissance évidente; troisièmement, ce qui <est désigné> par « vérités de la théologie ». (...)

Relativement au premier <point>, je dis que l'intellect de l'homme ici-bas est celui qui n'a pas la connaissance intuitive de la déité qui lui est possible selon la puissance ordonnée de Dieu. Par la première <partie de cette définition>, on exclut l'intellect du bienheureux, qui a la connaissance intuitive de la déité; par la seconde <partie de cette définition>, on exclut l'intellect du damné, pour qui cette connaissance n'est pas possible selon la puissance ordonnée de Dieu, bien qu'elle lui soit possible selon la puissance absolue de Dieu.

Circa secundum, scilicet quae notitia est evidens, dico quod notitia evidens est cognitio alicuius veri complexi, ex notitia terminorum incomplexa immediate vel mediate nata sufficienter causari. Ita scilicet quod quando notitia incomplexa aliquorum <6> terminorum |§ sive sint termini illius propositionis sive alterius sive diversarum propositionum §| in quocumque intellectu habente talem notitiam sufficienter causat |§ vel est nata causare §| mediate vel immediate notitiam complexi, tunc illud complexum evidenter cognoscitur. Ex isto sequitur quod notitia evidens est in plus quam scientia vel intellectus vel sapientia, quia propositio contingens potest evidenter cognosci, et tamen illa notitia nec est scientia nec intellectus nec aliquis illorum habituum quos ponit Philosophus VI *Ethicorum*[1].

Si dicatur quod notitia evidens veritatis contingentis nunquam causatur sufficienter ex notitia incomplexa terminorum, quia tunc sciretur cognitis terminis. Sed omne tale est principium per se notum, secundum Philosophum I *Posteriorum*[2]. Sed nulla veritas contingens est per se nota; igitur etc. :

Dicendum quod propositio per se nota est illa quae scitur evidenter ex quacumque notitia terminorum ipsius propositionis, sive abstractiva sive intuitiva. Sed de propositione contingente non est hoc possibile, quia aliqua notitia terminorum sufficit ad causandum notitiam evidentem veritatis contingentis, scilicet intuitiva, sicut post patebit, aliqua autem

1. Aristote, *Ethica Nicomachea*, VI, 3 (1139 b 16-17).
2. Aristote, *Analytica Posteriora*, I, 3 (72 b 18-26).

Relativement au second <point>, à savoir quelle connaissance est évidente, je dis que la connaissance évidente est la connaissance d'un complexe <propositionnel> vrai qui est apte à être causée suffisamment, de manière immédiate ou médiate, par la connaissance incomplexe des termes. De sorte que, lorsque la connaissance incomplexe <6> des termes |§ qu'ils soient les termes de cette proposition ou d'une autre ou de diverses propositions §|, en tout intellect qui a une telle connaissance, cause suffisamment |§ ou est apte à causer §|, de manière médiate ou immédiate, la connaissance d'un complexe <propositionnel>, alors ce complexe <propositionnel> est connu avec évidence. Il s'ensuit que la connaissance évidente est <quelque chose> en plus de la science ou de l'intellect ou de la sagesse, parce qu'une proposition contingente peut être connue avec évidence et cependant cette connaissance n'est ni la science, ni l'intellect, ni un de ces habitus que le Philosophe pose au sixième <livre> des *Éthiques*.

Si l'on dit ceci : la connaissance évidente d'une vérité contingente n'est jamais causée suffisamment par la connaissance incomplexe des termes, car alors elle serait connue aussitôt les termes connus ; or, tout ce qui est de la sorte est un principe connu par soi, selon le Philosophe au premier <livre> des *<Analytiques> Seconds* ; mais aucune vérité contingente n'est connue par soi : donc, etc.

<À cette objection>, il faut dire que la proposition connue par soi est celle qui est connue avec évidence à partir de toute connaissance des termes de cette proposition elle-même, soit abstractive, soit intuitive. Mais cela n'est pas possible dans le cas d'une proposition contingente, car une certaine connaissance des termes suffit pour causer la connaissance évidente d'une vérité contingente, à savoir l'intuitive, comme il sera manifeste par la suite, mais une certaine <autre connaissance>

non sufficit, scilicet abstractiva. Unde si aliquis videat intuitive Sortem et albedinem exsistentem in Sorte, potest evidenter scire quod Sortes est albus. Si autem tantum cognosceret Sortem et albedinem exsistentem <7> in Sorte abstractive, sicut potest aliquis imaginari ea in absentia eorum, non sciret evidenter quod Sortes esset albus, et ideo non est propositio per se nota.

Circa tertium dico quod omnes veritates necessariae homini viatori ad aeternam beatitudinem consequendam sunt veritates theologicae. (…) Ex isto sequitur quod aliquae veritates naturaliter notae seu cognoscibiles sunt theologicae, sicut quod Deus est, Deus est sapiens, bonus etc., cum sint necessariae ad salutem; aliquae autem sunt supernaturaliter cognoscibiles, sicut : Deus est trinus, incarnatus et huiusmodi.

Divisio quaestionis

<15> His visis circa istam quaestionem sic procedam : primo ostendam quod intellectus noster etiam pro statu isto respectu eiusdem obiecti sub eadem ratione potest habere duas notitias incomplexas specie distinctas, quarum una potest dici intuitiva et alia abstractiva. Secundo, quod talis duplex notitia respectu Dei sub propria ratione deitatis est possibilis. Tertio, quod utraque illarum est ab altera separabilis. Quarto, ex hoc concludam quod notitia deitatis abstractiva est viatori possibilis. Quinto respondebo ad formam quaestionis. Sexto movebo aliqua dubia et solvam.

ne suffit pas, à savoir l'abstractive. D'où, si quelqu'un voit intuitivement Socrate et la blancheur qui existe en Socrate, il peut savoir avec évidence que Socrate est blanc. Mais s'il connaissait seulement de manière abstractive Socrate et la blancheur qui existe <7> en Socrate, comme quelqu'un peut les imaginer en leur absence, il ne saurait pas avec évidence que Socrate est blanc : c'est pourquoi il n'y a pas <ici> de proposition connue par soi.

Relativement au troisième <point>, je dis que sont des vérités théologiques toutes les vérités nécessaires à l'homme ici-bas pour obtenir la béatitude éternelle. (...) Il s'ensuit que sont théologiques certaines vérités connues ou connaissables naturellement, par exemple que Dieu existe, Dieu est sage, bon, etc., puisqu'elles sont nécessaires au salut ; mais certaines <autres vérités théologiques> sont connaissables surnaturel-lement, par exemple : Dieu est trine, incarné et <autres vérités> de ce genre.

<Division de la question>

<15> Ceci étant vu, relativement à cette question, je procéderai ainsi : premièrement, je montrerai que notre intellect, même dans l'état présent, au regard d'un même objet <considéré> sous le même aspect, peut avoir deux connais-sances incomplexes spécifiquement distinctes, dont l'une peut être dite intuitive et l'autre abstractive. Deuxièmement, <je montrerai> que cette double connaissance est possible au regard de Dieu sous l'aspect propre de la déité. Troisiè-mement, <je montrerai> que chacune d'elles est séparable de l'autre. Quatrièmement, à partir de cela, je conclurai que la connaissance abstractive de la déité est possible pour l'homme ici-bas. Cinquièmement, je répondrai directement à la question elle-même. Sixièmement, je soulèverai quelques doutes et les résoudrai.

Art. I : De notitia intuitiva et abstractiva eiusdem
    Distinctiones praeviae

<16> Ad declarationem primae conclusionis primo praemittam aliquas distinctiones et conclusiones praeambulas ; secundo probabo conclusionem principaliter intentam.

Est igitur prima distinctio ista quod inter actus intellectus sunt duo actus quorum unus est apprehensivus, et est respectu cuiuslibet quod potest terminare actum potentiae intellectivae, sive sit complexum sive incomplexum ; quia apprehendimus non tantum incomplexa sed etiam propositiones et demonstrationes et impossibilia et necessaria et universaliter omnia quae respiciuntur a potentia intellectiva. Alius actus potest dici iudicativus, quo intellectus non tantum apprehendit obiectum sed etiam illi assentit vel dissentit. Et iste actus est tantum respectu complexi, quia nulli assentimus per intellectum nisi quod verum reputamus, nec dissentimus nisi quod falsum aestimamus. Et sic patet quod respectu complexi potest esse duplex actus, scilicet actus apprehensivus et actus iudicativus.

Hoc probatur : quia aliquis potest apprehendere aliquam propositionem et tamen illi nec assentire nec dissentire, sicut patet de propositionibus neutris quibus intellectus nec assentit nec dissentit, quia aliter non essent sibi neutrae. Similiter laicus nesciens latinum potest audire multas propositiones in

<*Premier article : des connaissances intuitive et abstractive d'une même chose. Distinctions préalables*>

<16> Pour rendre manifeste la première conclusion, premièrement, j'avancerai quelques distinctions et conclusions préalables ; deuxièmement, je prouverai cette conclusion proposée principalement.

La première distinction est celle-ci : il y a deux actes parmi les actes de l'intellect, dont l'un est appréhensif et est au regard de toute <chose> qui peut terminer l'acte de la puissance intellective, que <cette chose> soit complexe ou incomplexe. Car nous appréhendons non seulement des <choses> incomplexes, mais aussi des propositions, des démonstrations, des <raisonnements> impossibles, des <raisonnements> nécessaires et, de manière générale, toutes <les choses> qui sont considérées par la puissance intellective. L'autre acte peut être dit judicatif, par lequel l'intellect non seulement appréhende un objet, mais aussi lui donne ou lui refuse son assentiment. Et cet acte est seulement au regard d'un complexe <propositionnel>, parce que nous ne donnons notre assentiment par l'intellect qu'à ce que nous réputons vrai, et nous ne refusons notre assentiment qu'à ce que nous estimons faux. Et ainsi, il est manifeste qu'au regard d'un complexe <propositionnel> il peut y avoir double acte, à savoir l'acte appréhensif et l'acte judicatif.

Cela est prouvé <de la manière suivante> : quelqu'un peut appréhender une proposition et cependant ne pas lui donner ni lui refuser son assentiment, comme il est manifeste dans le cas des propositions neutres, auxquelles l'intellect ne donne ni ne refuse son assentiment, car autrement elles ne seraient pas neutres pour lui. Pareillement, un laïc qui ne connaît pas le latin peut entendre de nombreuses propositions en

latino quibus nec <17> assentit nec dissentit. |§ Et certum est
quod intellectus potest assentire alicui propositioni et
dissentire alteri ; igitur etc. §|

Secunda distinctio est quod sicut respectu complexi est
duplex actus, sic respectu complexi est duplex habitus corres-
pondens, scilicet unus inclinans ad actum apprehensivum et
alius inclinans ad actum iudicativum.

Conclusiones praeambulae

Prima conclusio praeambula est ista quod actus iudicativus
respectu alicuius complexi praesupponit actum apprehensivum respectu eiusdem.

<21> Ex istis sequitur secunda conclusio, quod omnis
actus iudicativus praesupponit in eadem potentia notitiam
incomplexam terminorum, quia praesupponit actum apprehensivum. Et actus apprehensivus respectu alicuius complexi
praesupponit notitiam incomplexam terminorum (…).

<22> Tertia conclusio est quod nullus actus partis
sensitivae est causa immediata proxima, nec partialis
nec totalis, alicuius actus iudicativi ipsius intellectus. Haec
conclusio potest persuaderi : quia qua ratione ad aliquem
actum iudicativum sufficiunt illa quae sunt in intellectu
tamquam causae proximae et immediatae, et ad omnem actum
iudicativum. Sed respectu alicuius actus iudicativi sufficiunt
ea quae sunt in intellectu, scilicet respectu conclusionis, quia si

latin, auxquelles il ne <17> donne ni ne refuse son assenti-
ment. |§ Et il est certain que l'intellect peut donner son
assentiment à une proposition et refuser son assentiment à une
autre <proposition> : donc, etc. §|

La seconde distinction est <la suivante> : tout comme il y a
un double acte au regard d'un complexe <propositionnel>,
de même il y a double habitus correspondant au regard d'un
complexe <propositionnel>, à savoir l'un qui incline à l'acte
appréhensif et l'autre qui incline à l'acte judicatif.

<Conclusions préalables>

La première conclusion préalable est celle-ci : l'acte
judicatif au regard d'un complexe <propositionnel> présuppose un acte appréhensif au regard du même <complexe
propositionnel>.

<21> La seconde conclusion s'ensuit : tout acte judi-
catif présuppose, dans la même puissance <cognitive>, une
connaissance incomplexe des termes, parce qu'il présuppose
un acte appréhensif et l'acte appréhensif au regard d'un
complexe <propositionnel> présuppose une connaissance
incomplexe des termes (…).

<22> La troisième conclusion est <celle-ci> : aucun acte
de la partie sensitive n'est la cause immédiate la plus proche,
ni partielle ni totale, d'un acte judicatif de l'intellect. Cette
conclusion peut être soutenue par un argument persuasif : pour
la même raison que suffisent à un acte judicatif des <choses>
qui sont dans l'intellect comme causes les plus proches et
immédiates, <elles suffiront> également à tout acte judicatif ;
or, des <choses> qui sont dans l'intellect suffisent au regard
d'un acte judicatif, à savoir au regard de la conclusion, car si un

sit in intellectu actus sciendi praemissas, statim scitur conclusio omni alio circumscripto. Ergo ad omnem actum iudicativum sufficiunt ea quae sunt in intellectu tamquam causae proximae. Praeterea, ex quo causae quae sunt in parte intellectiva sufficere possunt, frustra ponuntur aliae causae.

Probatio primae conclusionis
Ratio prima

His praemissis probo primo primam conclusionem sic : omnis notitia incomplexa aliquorum terminorum quae potest esse causa notitiae evidentis respectu propositionis compositae ex illis terminis distinguitur secundum speciem a notitia incomplexa illorum, quae quantumcumque intendatur non potest esse causa notitiae evidentis respectu propositionis eiusdem. Hoc patet, quia illa quae sunt eiusdem rationis et aeque perfecta possunt in eodem passo <23> aequaliter disposito habere effectus eiusdem rationis, VII *Topicorum*[1]. Sed certum est quod intellectus potest habere notitiam incomplexam tam de Sorte quam de albedine, cuius virtute non potest evidenter cognoscere an sit albus vel non, sicut per experientiam patet; et praeter istam potest habere notitiam incomplexam virtute cuius potest evidenter cognoscere quod Sortes est albus, si sit albus. Igitur de istis potest habere duas notitias incomplexas quarum una potest esse causa notitiae evidentis illius propositionis contingentis et alia, quantumcumque intendatur, non; igitur specie distinguuntur.

---

1. Aristote, *Topica*, VII, 1 (152 a 2-4).

acte de connaître les prémisses est dans l'intellect, aussitôt la conclusion est connue, abstraction faite de toute autre <chose> : donc, ces <choses> qui sont dans l'intellect comme causes les plus proches suffisent à tout acte judicatif. En outre, parce que les causes qui sont dans la partie intellective peuvent suffire, il n'y a aucune raison de poser d'autres causes.

<Preuve de la première conclusion principale : premier argument>

Ceci ayant été mis en avant, je prouve premièrement la première conclusion de la manière suivante : toute connaissance incomplexe des termes qui peut être la cause d'une connaissance évidente au regard de la proposition composée de ces termes se distingue selon l'espèce de la connaissance incomplexe de ces <mêmes termes> qui, aussi intense soit-elle, ne peut pas être la cause d'une connaissance évidente au regard de la même proposition. Cela est manifeste, parce que des <choses> qui sont de même nature et également parfaites peuvent <23> avoir des effets de même nature dans un même patient également disposé, <selon> le septième <livre> des *Topiques*. Or, il est certain que l'intellect peut avoir une connaissance incomplexe, autant de Socrate que de la blancheur, en vertu de laquelle il ne peut pas savoir avec évidence si <Socrate> est blanc ou non, comme il est manifeste par expérience ; et en plus de cette <connaissance>, <l'intellect> peut avoir une connaissance incomplexe en vertu de laquelle il peut savoir avec évidence que Socrate est blanc, s'il est blanc. Donc, de ces <choses>, <l'intellect> peut avoir deux connaissances incomplexes dont l'une peut être la cause d'une connaissance évidente de cette proposition contingente : <« Socrate est blanc »>, et l'autre, aussi intense soit-elle, non : par conséquent, <ces connaissances incomplexes> sont spécifiquement distinctes.

Instantia contra primam rationem

<24> Contra istam rationem potest instari quod non valet, quia non probat nisi quod de extremis propositionis contingentis, |§ vel de aliquibus importatis per extrema §| potest a nobis haberi talis duplex notitia; sed quod utraque illarum sit intellectiva et subiective in intellectu non probatur, quia sufficit quod una sit sensitiva virtute cuius potest sciri talis veritas contingens, et alia sit intellectiva virtute cuius non potest evidenter sciri. Hoc patet, quia quando extrema |§ vel importata seu significata per extrema §| sensibiliter cognoscuntur tunc potest evidenter cognosci talis veritas contingens; quando autem non cognoscuntur sensibiliter sed tantum per imaginationem vel intellectum, non potest sciri evidenter.

Responsio ad instantiam

<25> Ista instantia non valet: quia ad notitiam alicuius veritatis contingentis non sufficit notitia intuitiva sensitiva, sed oportet ponere praeter illam etiam notitiam intuitivam intellectivam. Et ideo si intellectus habens notitiam incomplexam extremorum, |§ vel significatorum per extrema, §| illius veritatis, assentit illi quando extrema, |§ vel significata extremorum, §| sentiuntur, et <26> quando non sentiuntur non assentit, oportet quod aliam notitiam incomplexam habeat de

<Objection contre ce premier argument>

<24> Contre cet argument, on peut objecter qu'il n'est pas valide, parce qu'il ne prouve rien, si ce n'est que, des extrêmes d'une proposition contingente |§ ou des <choses> désignées par les extrêmes §|, une telle double connaissance peut être possédée par nous; mais que l'une et l'autre de ces <connaissances> soient intellectives et subjectivement dans l'intellect, <cela> n'est pas prouvé, parce qu'il suffit que l'une soit sensitive, en vertu de laquelle on peut connaître une telle vérité contingente, et l'autre soit intellective, en vertu de laquelle on ne peut pas connaître avec évidence <cette même vérité contingente>. Cela est manifeste, car lorsque les extrêmes |§ ou les <choses> désignées ou signifiées par les extrêmes §| sont connus de manière sensible, alors on peut connaître avec évidence une telle vérité contingente, mais lorsque <les extrêmes> ne sont pas connus de manière sensible mais seulement par l'imagination ou l'intellect, on ne peut pas connaître avec évidence <cette même vérité contingente>.

<Réponse à l'objection>

<25> Cette objection n'est pas valide, car à la connaissance d'une vérité contingente, la connaissance intuitive sensitive ne suffit pas, mais, outre celle-ci, il faut poser aussi une connaissance intuitive intellective. Et c'est pourquoi, si l'intellect, ayant une connaissance incomplexe des extrêmes |§ ou des <choses> signifiées par les extrêmes §| de cette vérité <contingente>, donne son assentiment à celle-ci quand les extrêmes |§ ou les signifiés des extrêmes §| sont perçus, et <26> ne lui donne pas son assentiment quand ils ne sont pas perçus, il faut que la connaissance incomplexe qu'il a de ces

illis quando sentiuntur quam quando non sentiuntur. Hoc patet
(…) ex conclusionibus praeambulis, quia dictum est prius
quod formatio propositionis praesupponit in intellectu
notitiam incomplexam terminorum, (…) igitur eadem ratione
notitia evidens talis veritatis praesupponit notitiam intuitivam
in se, et non sufficit sola notitia intuitiva sensitiva, sicut nec ad
formationem propositionis sufficit sola notitia intuitiva
sensitiva terminorum |§ vel significatorum per terminos. §|

Similiter patet prius quod nullus actus partis sensitivae est
cause proxima et immediata respectu alicuius actus iudicativi. Igitur si intellectus potest iudicare rem esse vel non
esse quando sensibiliter sentitur sensibile, et ante non potuit,
oportet quod aliquid in se habeat, praevium illi iudicio, quod
prius non habuit; et illud non potest esse nisi aliqua notitia
quam prius non habuit et modo habet; ergo etc.

<27> Per hoc patet (…) quod tales veritates contingentes
non possunt sciri de istis sensibilibus nisi quando sunt sub
sensu, quia notitia intuitiva intellectiva istorum sensibilium
pro statu isto non potest haberi sine notitia intuitiva sensitiva
eorum. Et ideo sensitiva non superfluit, quamvis sola notitia
intuitiva intellectiva sufficeret, si esset possibile eam esse naturaliter pro statu isto sine notitia intuitiva sensitiva, sicut est in
angelis et in anima separata, ubi ad notitiam evidentem talium

<extrêmes> lorsqu'ils sont perçus soit autre que <celle qu'il a> lorsqu'ils ne sont pas perçus. Cela est manifeste à partir des conclusions préalables, parce qu'il a été dit auparavant que la formation d'une proposition présuppose dans l'intellect une connaissance incomplexe des termes (…) : donc, pour la même raison, la connaissance évidente d'une telle vérité <contingente> présuppose en lui une connaissance intuitive et la seule connaissance intuitive sensitive ne suffit pas, tout comme la seule connaissance intuitive sensitive des termes |§ ou des <choses> signifiées par les termes §| ne suffit pas à la formation d'une proposition.

Pareillement, il est manifeste <par ce qui a été dit> auparavant qu'aucun acte de la partie sensitive n'est la cause la plus proche et immédiate au regard d'un acte judicatif. Donc, si l'intellect peut juger qu'une chose existe ou n'existe pas quand une <chose> sensible est perçue de manière sensible, et avant <qu'elle ne soit perçue> il ne le pouvait pas, il faut qu'il ait quelque chose en lui, préalable à ce jugement, <quelque chose> qu'il n'avait pas auparavant, et cela ne peut être qu'une connaissance qu'il n'avait pas auparavant et qu'il a maintenant : donc, etc.

<27> Par cela est manifeste (…) que de telles vérités contingentes au sujet des <choses> sensibles ne peuvent être connues que lorsque <ces choses> sont sous le sens, parce que, dans l'état présent, la connaissance intuitive intellective de ces <choses> sensibles ne peut pas être possédée sans leur connaissance intuitive sensitive. Et c'est pourquoi la sensitive n'est pas superflue, bien que la seule connaissance intuitive intellective suffirait, si, dans l'état présent, il était possible qu'elle existe naturellement sans la connaissance intuitive sensitive, comme elle existe dans les anges et dans l'âme séparée, où la connaissance intuitive sensitive n'est pas

veritatum non requiritur aliqua notitia intuitiva sensitiva, sicut post dicetur.

Ratio secunda pro prima conclusione

<28> Secundo arguo principaliter sic : omne intelligibile quod est a solo intellectu apprehensibile et nullo modo sensibile, cuius aliqua notitia incomplexa sufficit ad notitiam evidentem alicuius veritatis contingentis de eo et aliqua notitia incomplexa eiusdem non sufficit, potest cognosci ab intellectu duabus cognitionibus specie distinctis. Sed intellectiones, affectiones, delectationes, tristitiae et huiusmodi sunt intelligibiles et nullo modo sensibiles, et aliqua notitia incomplexa earum sufficit ad notitiam evidentem utrum sint vel non sint, et utrum sint in tali subiecto vel non, et aliqua notitia earundem non sufficit; igitur etc. Minor quantum ad primam partem patet, quia quilibet experitur in se quod intelligit, diligit, delectatur, tristatur; et ista notitia, cum sit respectu contingentis, non potest accipi ex propositionibus necessariis. Igitur oportet quod accipiatur vel a notitia incomplexa terminorum vel |§ rerum vel §| ab aliqua contingente quae accipitur a notitia incomplexa terminorum vel |§ rerum importatarum, vel §| erit processus in infinitum in talibus contingentibus. Tertium est impossibile, quia est ponere statum in talibus. Si detur secun-

requise pour la connaissance évidente de telles vérités <contingentes>, comme on le dira par la suite.

<Second argument en faveur de la première conclusion principale>

<28> Deuxièmement, j'argumente principalement ainsi : tout intelligible qui est appréhensible par l'intellect seul et <qui n'est> d'aucune façon sensible, dont une certaine connaissance incomplexe suffit à la connaissance évidente d'une vérité contingente à son sujet et dont une certaine <autre> connaissance incomplexe ne suffit pas, peut être connu par l'intellect selon deux connaissances spécifiquement distinctes ; or, les intellections, les affections, les plaisirs, les tristesses et <autres choses> de ce genre sont intelligibles et <ne sont> d'aucune façon sensibles, et une certaine connaissance incomplexe de ceux-ci suffit pour savoir avec évidence s'ils existent ou n'existent pas, et s'ils sont en tel sujet ou non, et une certaine <autre> connaissance des mêmes <choses> ne suffit pas : donc, etc. La mineure, quant à sa première partie, est manifeste, parce que toute personne fait en soi-même l'expérience qu'elle intellige, qu'elle aime, qu'elle éprouve du plaisir, qu'elle est triste, et cette connaissance, puisqu'elle est au regard du contingent, ne peut pas dériver de propositions nécessaires. Il faut donc qu'elle dérive <1> soit d'une connaissance incomplexe des termes |§ ou des choses §|, <2> soit d'une <proposition> contingente qui dérive d'une connaissance incomplexe des termes |§ ou des choses désignées <par les termes> §|, <3> ou bien il y aura processus à l'infini en de telles <propositions> contingentes. La troisième <hypo­thèse> est impossible, parce qu'il faut poser un terme en de telles <choses>. Si l'on concède la seconde <hypothèse>,

dum : vel igitur ista contingens habet aliquem terminum qui potest accipi ab aliquo sensibili vel nullum. Primum non potest dari, quia nulla est propositio de aliquo sensibili ex qua sequatur necessario dilectionem <29> esse in voluntate, sicut alias patebit, |§ et per consequens nulla est talis propositio contingens virtute cuius potest evidenter cognosci quod iste diligit. §| Si detur secundum, habetur propositum, quod sola notitia incomplexa terminorum mere intelligibilium sufficit ad notitiam evidentem talis veritatis contingentis. Si detur primum, habetur propositum. Secunda pars illius minoris patet, quia non est inconveniens quod aliquis de aliquo intelligibili ignoret utrum sit vel non sit, et tamen quod habeat notitiam incomplexam de illo, non plus quam de aliquo sensibili. Unde si intellectus primo videret dilectionem alterius et esset ita certus de dilectione alterius sicut de dilectione propria, non esset inconveniens quin post dilectionem eandem intelligeret

<2.1> ou bien donc cette <proposition> contingente a un terme qui peut dériver d'une <chose> sensible, <2.2> ou bien aucun <terme de ce genre>. On ne peut concéder la première <hypothèse, à savoir 2.1>, parce qu'il n'y a aucune proposition au sujet d'une <chose> sensible de laquelle découle nécessairement que l'amour <29> existe dans la volonté, comme il sera manifeste ailleurs |§ et, par conséquent, il n'y a aucune proposition contingente de cette sorte, en vertu de laquelle on peut connaître avec évidence que cette <personne> aime §|[1]. Si l'on concède la seconde <hypothèse, à savoir 2.2>, on obtient ce qu'on a proposé, <à savoir> que la seule connaissance incomplexe des termes purement intelligibles suffit à la connaissance évidente d'une telle vérité contingente. Si l'on concède la première <hypothèse, à savoir 1>, on obtient <également> ce qu'on a proposé. La seconde partie de cette mineure est manifeste, parce que, pas plus qu'au sujet d'une <chose> sensible, il n'est inconvenant qu'au sujet d'une <chose> intelligible quelqu'un ignore si elle existe ou n'existe pas, et cependant qu'il ait une connaissance incomplexe de cette <chose intelligible>. D'où, si l'intellect voyait d'abord l'amour d'une autre <personne> et était aussi certain de l'amour de cette autre <personne> que de son propre amour, il ne serait pas inconvenant qu'il intellige ensuite le même

---

1. Ockham prend ici l'acte volontaire d'amour (*dilectio*) comme exemple d'une chose intelligible. L'existence d'un tel acte chez autrui ne peut pas être connue avec évidence sur la base d'une connaissance intuitive des caractéristiques ou aspects sensibles de cette personne; pour savoir avec évidence qu'un tel acte existe chez autrui, il faudrait pouvoir l'appréhender directement en une connaissance intuitive. La connaissance évidente de l'existence d'une chose intelligible ne peut aucunement être inférée à partir de la saisie intuitive d'une chose sensible.

et tamen ignoraret ipsam esse, quamvis esset, sicut est de aliquo sensibili primo viso et post intellecto.

Ista secunda ratio probat quod intellectui est possibilis talis duplex cognitio, et hoc respectu mere intelligibilis. Prima autem ratio probat quod de facto pro statu isto intellectus habet talem duplicem cognitionem |§ etiam respectu sensibilium. §|

Declaratio primi articuli

<30> Dico igitur quantum ad istum articulum quod respectu incomplexi potest esse duplex notitia, quarum una potest vocari abstractiva et alia intuitiva.

Sciendum tamen quod notitia abstractiva potest accipi dupliciter : uno modo quia est respectu alicuius abstracti a multis singularibus ; et sic cognitio abstractiva non est aliud quam cognitio alicuius universalis abstrahibilis a multis, de quo dicetur post.

<31> Aliter accipitur cognitio abstractiva secundum quod abstrahit ab exsistentia et non exsistentia et ab aliis condicionibus quae contingenter accidunt rei vel praedicantur de re. Non quod aliquid cognoscatur per notitiam intuitivam quod non cognoscitur per notitiam abstractivam, sed idem totaliter et sub omni eadem ratione cognoscitur per utramque notitiam. Sed distinguuntur per istum modum : quia notitia intuitiva rei est talis notitia virtute cuius potest sciri utrum

amour et cependant qu'il ignore que celui-ci existe, même s'il existe, comme il se produit pour une <chose> sensible d'abord vue et ensuite intelligée.

Ce second argument prouve qu'une telle double connaissance est possible pour l'intellect et ce, au regard d'une <chose> purement intelligible. Quant au premier argument, il prouve que de fait, dans l'état présent, l'intellect a une telle double connaissance |§ même au regard des <choses> sensibles §|.

<Énoncé et explication du premier article>

<30> Relativement à cet article, je dis donc qu'au regard de l'incomplexe il peut y avoir une double connaissance, dont l'une peut être appelée abstractive et l'autre intuitive.

Il faut cependant savoir que la connaissance abstractive peut être comprise de deux façons. De la <première> façon, elle est au regard d'une <chose> abstraite de nombreux singuliers et, de cette façon, la connaissance abstractive n'est pas autre <chose> que la connaissance d'un universel abstractible de nombreuses <choses>, au sujet duquel on parlera par la suite.

<31> La connaissance abstractive est comprise autrement selon qu'elle abstrait de l'existence et de la non-existence et des autres conditions qui, de manière contingente, échoient à la chose ou sont prédiquées de la chose. Non pas que quelque chose soit connu par la connaissance intuitive qui n'est pas connu par la connaissance abstractive, mais la même <chose> tout entière et <considérée> sous tout le même aspect est connue par l'une et l'autre connaissances. Mais elles se distinguent de cette façon : la connaissance intuitive d'une chose est cette connaissance en vertu de laquelle on peut savoir si la

res sit vel non, ita quod si res sit, statim intellectus iudicat eam esse et evidenter cognoscit eam esse, nisi forte impediatur propter imperfectionem illius notitiae. Et eodem modo si esset perfecta talis notitia per potentiam divinam conservata de re non exsistente, virtute illius notitiae incomplexae evidenter cognosceret illam rem non esse.

Similiter, notitia intuitiva est talis quod quando aliquae res cognoscuntur quarum una inhaeret alteri vel una distat loco ab altera vel alio modo se habet ad alteram, statim virtute illius notitiae incomplexae illarum rerum scitur si res inhaeret vel non inhaeret, si distat vel non distat, et sic de aliis veritatibus contingentibus, |§ nisi illa notitia sit nimis remissa, vel sit aliquod aliud impedimentum. §| Sicut si Sortes in rei veritate sit albus, illa notitia Sortis et albedinis virtute cuius potest evidenter cognosci quod Sortes est albus, dicitur notitia intuitiva. Et universaliter omnis <32> notitia incomplexa termini vel terminorum, |§ seu rei vel rerum, §| virtute cuius potest evidenter cognosci aliqua veritas contingens, maxime de praesenti, est notitia intuitiva.

Notitia autem abstractiva est illa virtute cuius de re contingente non potest sciri evidenter utrum sit vel non sit. Et per istum modum notitia abstractiva abstrahit ab exsistentia et non exsistentia, quia nec per ipsam potest evidenter sciri de re exsistente quod exsistit, nec de non exsistente quod non exsistit, per oppositum ad notitiam intuitivam.

chose existe ou non, de sorte que si la chose existe, aussitôt l'intellect juge qu'elle existe et sait avec évidence qu'elle existe, à moins qu'il ne soit empêché par l'imperfection de cette connaissance. Et de la même façon, si une telle connaissance parfaite d'une chose non-existante était conservée par la puissance divine, en vertu de cette connaissance incomplexe <l'intellect> saurait avec évidence que cette chose n'existe pas.

Pareillement, la connaissance intuitive est telle que lorsque des choses sont connues dont l'une est inhérente à l'autre ou l'une est distante de l'autre selon le lieu ou se rapporte d'une autre façon à l'autre, aussitôt, en vertu de la connaissance incomplexe <intuitive> de ces choses, on sait si une chose est inhérente ou n'est pas inhérente, si elle est distante ou n'est pas distante, et pareillement au sujet des autres vérités contingentes |§ à moins que cette connaissance ne soit trop faible ou qu'il n'y ait un quelque autre empêchement §|. Par exemple, si Socrate est réellement blanc, cette connaissance de Socrate et de sa blancheur, en vertu de laquelle on peut savoir avec évidence que Socrate est blanc, est dite connaissance intuitive. Et, de manière générale, toute <32> connaissance incomplexe d'un terme ou de termes |§ ou d'une chose ou de choses §|, en vertu de laquelle on peut connaître avec évidence une vérité contingente, surtout au présent, est une connaissance intuitive.

Quant à la connaissance abstractive, elle est celle en vertu de laquelle, d'une chose contingente, on ne peut pas savoir avec évidence si elle existe ou n'existe pas. Et de cette façon, la connaissance abstractive abstrait de l'existence et de la non-existence, car par elle on ne peut pas savoir avec évidence, d'une chose existante, qu'elle existe, ni d'une <chose> non-existante, qu'elle n'existe pas, par opposition à la connaissance intuitive.

Similiter, per notitiam abstractivam nulla veritas contingens, maxime de praesenti, potest evidenter cognosci. Sicut de facto patet, quod quando cognoscitur Sortes et albedo sua in absentia, virtute illius notitiae incomplexae nec potest sciri quod Sortes est vel non est, vel quod est albus vel non est albus, vel quod distat a tali loco vel non; et sic de aliis veritatibus contingentibus. Et tamen certum est quod istae veritates possunt evidenter cognosci. Et omnis notitia complexa |§ terminorum vel rerum significatarum §| ultimate reducitur ad notitiam incomplexam terminorum. Igitur isti termini, |§ vel res, §| una alia notitia possunt cognosci quam sit illa virtute cuius non possunt cognosci tales veritates contingentes, et illa erit intuitiva. Et ista est notitia a qua incipit notitia experimentalis, quia universaliter ille qui potest accipere experimentum de aliqua veritate contingente, et mediante illa de veritate necessaria, habet aliquam notitiam incomplexam <33> de aliquo termino |§ vel re, §| quam non habet ille qui non potest sic experiri. Et ideo sicut secundum Philosophum I *Metaphysicae*[1] et II *Posteriorum*[2] scientia istorum sensibilium quae accipitur per experientiam, de qua ipse loquitur, incipit a sensu, id est a notitia intuitiva sensitiva istorum sensibilium, ita universaliter notitia scientifica istorum pure intelligibilium accepta per experientiam incipit a notitia intuitiva intellectiva istorum intelligibilium. Est tamen advertendum quod aliquando propter imperfectionem notitiae intuitivae, quia scilicet est valde imperfecta et

1. Aristote, *Metaphysica*, I, 1 (980 b 25 -982 a 2).
2. Aristote, *Analytica Posteriora*, II, 19 (100 a 3-9).

Pareillement, aucune vérité contingente, surtout au présent, ne peut être connue avec évidence par la connaissance abstractive. Par exemple, il est manifeste de fait que lorsqu'on connaît Socrate et sa blancheur en leur absence, on ne peut pas savoir, en vertu de cette connaissance incomplexe, que Socrate existe ou n'existe pas, ni qu'il est blanc ou qu'il n'est pas blanc, ni qu'il est distant d'un certain lieu ou non; et pareillement au sujet des autres vérités contingentes. Et cependant, il est certain que ces vérités peuvent être connues avec évidence. Et toute connaissance complexe |§ de termes ou de choses signifiées §| se réduit ultimement à une connaissance incomplexe des termes. Donc, ces termes |§ ou ces choses §| peuvent être connus par une autre connaissance que celle en vertu de laquelle les vérités contingentes ne peuvent pas être connues, et cette <autre connaissance> sera intuitive. Et l'intuitive est la connaissance par laquelle débute la connaissance expérimentale, parce que, de manière générale, celui qui peut recevoir l'expérience d'une vérité contingente et, par la médiation de celle-ci, d'une vérité nécessaire possède une connaissance incomplexe <33> d'un terme |§ ou d'une chose §| que ne possède pas celui qui ne peut pas en faire ainsi l'expérience. Et c'est pourquoi, tout comme, selon le Philosophe au premier <livre> de la *Métaphysique* et au second <livre> des <*Analytiques*> *Seconds*, la science des <choses> sensibles, dont il parle, qui est reçue par expérience, débute par le sens, c'est-à-dire par la connaissance intuitive sensitive de ces <choses> sensibles, de même, de manière générale, la connaissance scientifique des <choses> purement intelligibles <qui est> reçue par expérience débute par la connaissance intuitive intellective de ces <choses> intelligibles. Il faut cependant remarquer que, parfois, à cause de l'imperfection de la connaissance intuitive, parce qu'effectivement elle est très imparfaite et

obscura, vel propter aliqua impedimenta ex parte obiecti, vel propter aliqua alia impedimenta, potest contingere quod vel nullae vel paucae veritates contingentes de re sic intuitive cognita possunt cognosci.

Conclusiones ex primo articulo illatae
Contra opinionem Scoti

Ex istis sequuntur aliquae conclusiones :

Prima, quod notitia intuitiva et abstractiva non differunt quia abstractiva potest indifferenter esse exsistentis et non exsistentis, praesentis et non praesentis, intuitiva autem tantum exsistentis et praesentis realiter. Quam differentiam ponunt aliqui ubicumque loquuntur de ista materia.

<34> Nec, secundo, differunt quia abstractiva non attingit obiectum in se sub perfecta ratione sed tantum in quadam similitudine diminuta; intuitiva autem attingit obiectum in se sub perfecta ratione, sicut dicit quidam doctor, *Quodlibet*, quaestione 6.

Nec, tertio, differunt « per rationes motivas formales, quod scilicet in cognitione intuitiva res in propria exsistentia est motiva per se obiective; in cognitione abstractiva est aliquid motivum in quo res habet esse cognoscibile, sive sit

obscure, ou à cause d'empêchements du côté de l'objet, ou à cause d'autres empêchements, il peut arriver qu'on ne puisse connaître aucune ou qu'un petit nombre de vérités contingentes au sujet de la chose ainsi connue intuitivement.

<*Conclusions tirées du premier article :*
contre l'opinion de Jean Duns Scot>

Quelques conclusions résultent des propos qui précèdent.

Première <conclusion>: la connaissance intuitive et <la connaissance> abstractive ne diffèrent pas en ceci que l'abstractive peut indifféremment être <connaissance> de l'existant et du non-existant, de ce qui est présent et de ce qui est non-présent, alors que l'intuitive <est> seulement <connaissance> de l'existant et de ce qui est réellement présent. Une différence que posent certains <auteurs>[1] partout où ils traitent de cette matière.

<34> Deuxièmement, <les connaissances intuitive et abstractive> ne diffèrent pas en ceci que l'abstractive n'atteint pas l'objet en soi sous un aspect parfait, mais seulement en une certaine similitude diminuée, alors que l'intuitive atteint l'objet en soi sous un aspect parfait, comme l'affirme un certain docteur en son *Quodlibet*, sixième question[2].

Troisièmement, elles ne diffèrent pas « par les raisons motives formelles, à savoir qu'en connaissance intuitive, la chose en son existence propre est par soi motive objectivement, <alors qu'>en connaissance abstractive, quelque chose est motif en quoi la chose a l'être connaissable, que ce soit une

---

1. *Cf.* Jean Duns Scot, *Opus Oxoniense*, II, d. 3, q. 9, n. 6 (éd. Wadding, VI-1, 453).
2. *Cf.* Jean Duns Scot, *Quodl.*, q. 6, n. 8 (éd. Wadding, XII, 145).

causa virtualiter continens rem ut cognoscibilem, sive sit effectus, puta species vel similitudo repraesentative continens ipsam rem cuius est similitudo », sicut dicit idem, *Quodlibet*, quaestione 13.

Nec, quarto, differunt quia notitia intuitiva necessario habet annexam relationem realem et actualem ad ipsum obiectum; notitia abstractiva non necessario habet relationem realem actualem ad obiectum, quamvis habeat relationem potentialem, scilicet mensurabilis et dependentiae, non autem relationem unionis et dependentiae, sicut dicit idem, ibidem.

Nec, quinto, quia in notitia intuitiva obiectum est praesens in propria exsistentia; in notitia abstractiva obiectum est praesens in aliquo perfecte repraesentante ipsum sub propria et <35> per se ratione cognoscibilis, sicut dicit idem, *Quodlibet*, quaestione 14, et libro IV, distinctione 10, quaestione 8.

Primum patet per principia istorum, quae credo esse vera in hac parte. Nam libro III, distinctione 14, quaestione 1, probant quod nulla forma est necessario praevia in intellectu, prior ipsa visione, sic : Si aliqua forma sit praevia necessario,

cause qui contient virtuellement la chose comme connaissable
ou bien un effet, par exemple une espèce ou une similitude, qui
contient de manière représentative la chose même dont il est la
similitude», comme l'affirme le même <auteur> en son
Quodlibet, treizième question[1].

Quatrièmement, elles ne diffèrent pas en ceci que la
connaissance intuitive a nécessairement une relation annexe
réelle et actuelle à l'objet, <alors que> la connaissance
abstractive n'a pas nécessairement une relation réelle actuelle
à l'objet, bien qu'elle ait une relation potentielle, à savoir <une
relation> de mesure et de dépendance, mais non une relation
d'union et de dépendance, comme l'affirme le même <auteur>
au même endroit[2].

Cinquièmement, <elles ne diffèrent> pas en ceci qu'en
connaissance intuitive, l'objet est présent en son existence propre, <alors qu'>en connaissance abstractive, l'objet est présent
en une <chose> qui le représente parfaitement sous l'aspect
propre et <35> par soi du connaissable, comme l'affirme le
même <auteur> en son *Quodlibet*, quatorzième question[3], et
au livre quatre, dixième distinction, huitième question[4].

Le premier <point> est manifeste par les principes de
ces <auteurs>, que je crois être vrais en cette partie. Car au
livre trois, quatorzième distinction, première question[5], ils
prouvent qu'il n'y a dans l'intellect aucune forme qui est
nécessairement préalable, antérieure à la vision, de la manière
suivante : si une forme était nécessairement préalable,

1. *Ibid.*, q. 13, n. 10 (éd. Wadding, XII, 310).

2. *Ibid.*, q. 13, n. 11 et 13 (éd. Wadding, XII, 311 et 320).

3. *Ibid.*, q. 14, n. 10 (éd. Wadding, XII, 369).

4. *Cf.* Jean Duns Scot, *Opus Oxoniense*, IV, d. 10, q. 8, n. 5 (éd. Wadding, VIII, 565).

5. *Ibid.*, III, d. 14, q. 2, n. 2 (éd. Wadding, VII-1, 285).

aut se haberet ad visionem in ratione causae efficientis, aut in ratione causae materialis. Si primo modo, igitur potest fieri sine ea, quia quidquid potest Deus per causam efficientem mediam, potest per se immediate. Si secundo modo, tunc illa forma si per se esset per se posset recipere illam visionem. – Ita arguo in proposito : aut illa res exsistens et praesens habet se in ratione causae efficientis ad notitiam intuitivam, aut in ratione causae materialis vel formalis vel finalis. Si primum, igitur potest fieri sine ea, quia quidquid potest Deus per causam efficientem mediam, potest immediate. Non secundo modo, quia tunc re exsistente et destructo intellectu posset recipere subiective illam notitiam intuitivam. Similiter manifestum est quod notitia illa non est subiective in re intuita. Nec tertio modo, manifestum est. Nec quarto modo, quia omnis res potest esse quocumque fine, excepto primo, destructo, quia nulla res plus requirit exsistentiam finis secundi quam efficientis secundi.

Si dicatur quod obiectum requiritur in ratione obiecti terminantis, contra : aut obiectum in quantum terminans habet rationem alicuius causae essentialis, aut non. Si sic, arguo sicut <36> prius. Si non, tunc arguo sicut isti arguunt

ou bien elle se rapporterait à la vision à titre de cause efficiente, ou bien à titre de cause matérielle. Si c'est de la première façon, alors <la vision> peut être produite sans cette <forme>, car tout ce que Dieu peut par une cause efficiente médiane, il le peut immédiatement par lui-même. Si c'est de la deuxième façon, alors cette forme, si elle existait par elle-même, pourrait recevoir par elle-même cette vision. – J'argumente de la même manière pour <la thèse ici> proposée : ou bien la chose existante et présente se rapporte à la connaissance intuitive à titre de cause efficiente, ou bien à titre de cause matérielle, ou formelle, ou finale. Si <c'est de la> première <façon>, alors <la connaissance intuitive> peut être produite sans la <chose existante et présente>, car tout ce que Dieu peut par une cause efficiente médiane, il le peut immédiatement. Ce n'est pas de la deuxième façon, car alors, dans le cas où la chose existerait mais l'intellect serait détruit, <la chose> pourrait recevoir subjectivement la connaissance intuitive. Il est tout à fait manifeste que cette connaissance n'est pas subjectivement dans la chose intuitionnée. Ce n'est pas non plus de la troisième façon, cela est manifeste. Ni de la quatrième façon, parce que toute chose peut exister même si toute fin, exceptée la première, est détruite, car aucune chose ne requiert davantage l'existence d'une fin seconde que <l'existence> d'une <cause> efficiente seconde.

Si l'on dit que l'objet est requis à titre d'objet qui termine, <j'affirme> en sens contraire : soit l'objet, en tant qu'il termine, a la nature d'une cause essentielle, soit non. Dans l'affirmative, j'argumente comme <36> ci-dessus. Dans la négative, alors j'argumente comme ces <auteurs> argumen-

alibi: Omnis effectus sufficienter dependet ex suis causis essentialibus, ita quod illis positis, omnibus aliis circumscriptis, potest sufficienter poni effectus. Igitur si obiectum in quantum terminans non habet rationem causae essentialis respectu notitiae intuitivae, si obiectum in quantum terminans simpliciter destruatur secundum omnem exsistentiam sui realem, potest poni ipsa notitia intuitiva; igitur ipsa re destructa potest poni ipsa notitia intuitiva. Et ita notitia intuitiva, secundum se et necessario, non plus est exsistentis quam non exsistentis, nec plus respicit exsistentiam quam non-exsistentiam, sed respicit tam exsistentiam quam non-exsistentiam rei, per modum prius declaratum. Abstractiva autem nec respicit exsistentiam nec non-exsistentiam, quia per eam nec potest haberi iudicium quod res exsistit nec quod non exsistit.

Secundum patet, quia idem totaliter et sub eadem ratione a parte obiecti est obiectum intuitivae et abstractivae. Hoc patet, quia nulla res est, saltem in istis inferioribus, nec aliqua ratio sibi propria sub qua potest res intuitive cognosci quin illa cognita ab intellectu possit intellectus dubitare utrum sit vel non sit, et per consequens quin possit cognosci abstractive. Igitur omne idem et sub eadem ratione quod est obiectum intuitivae notitiae potest <37> esse obiectum abstractivae. Et

tent ailleurs [1] : tout effet dépend suffisamment de ses causes essentielles, de sorte que, celles-ci étant posées, abstraction faite de toutes autres <choses>, l'effet peut être posé de manière suffisante. Donc, si l'objet, en tant qu'il termine, n'a pas la nature d'une cause essentielle au regard de la connaissance intuitive, et dans le cas où il est absolument détruit selon son existence réelle tout entière, la connaissance intuitive peut <quand même> être posée : donc, dans le cas où la chose est détruite, la connaissance intuitive peut <quand même> être posée. Et ainsi la connaissance intuitive, en soi et nécessairement, n'est pas plus <connaissance> de l'existant que du non-existant, ni ne considère plus l'existence que la non-existence, mais considère tant l'existence que la non-existence d'une chose, de la façon qui a été auparavant expliquée. Quant à l'abstractive, elle ne considère ni l'existence, ni la non-existence, car par elle on ne peut juger ni qu'une chose existe, ni qu'elle n'existe pas.

Le second <point> est manifeste, parce que, du côté de l'objet, la même <chose> tout entière et <considérée> sous le même aspect est l'objet de l'intuitive et de l'abstractive. Cela est manifeste, car il n'y a aucune chose, du moins dans les <choses> inférieures, ni un aspect propre à la <chose> – sous lequel la chose peut être connue intuitivement –, dont l'existence ou la non-existence ne puisse pas être mise en doute par l'intellect, lorsqu'il connaît la chose : par conséquent, <il n'y a aucune chose> qui ne puisse pas être connue abstractivement. Donc, la même <chose> tout entière, <considérée> sous le même aspect, qui est l'objet de la connaissance intuitive, peut <37> être l'objet de <la connaissance> abstractive. Et il est

1. *Cf.* Jean Duns Scot, *Ordinatio*, I, d. 3, p. 3, q. 2, n. 414 (éd. Vaticana, III, 251); *Quodl.*, q. 7, n. 19-20 (éd. Wadding, XII, 179).

manifestum est quod quidquid reale potest cognosci abstractive, potest etiam cognosci intuitive; igitur etc. Similiter, secundum istos, alibi, deitas sub ratione deitatis potest cognosci abstractive. Sed ista est perfectissima ratio Dei, secundum eos. Similiter, secundum eos, etiam exsistentia potest cognosci abstractive.

Tertium patet per argumenta contra primam differentiam : quia Deus per idem totaliter potest causare utramque notitiam, nec requiritur quod res moveat in propria exsistentia et obiective, sicut probatum est.

Quartum patet per idem, quia relatio realis, secundum istos, non potest terminari ad non-ens, obiectum autem notitiae intuitivae potest esse non-ens, sicut probatum est et post probabitur.

<38> Quintum patet per idem, quia ad notitiam intuitivam non requiritur quod res sit praesens in propria exsistentia, sicut probatum est.

manifeste que toute <chose> réelle qui peut être connue abstractivement peut aussi être connue intuitivement : donc, etc. Pareillement, selon ces <auteurs>, en un autre endroit[1], la déité, sous l'aspect de la déité, peut être connue abstractivement. Or, cet <aspect> est l'aspect perfectissime de Dieu, selon eux[2]. Pareillement, selon eux[3], même l'existence peut être connue abstractivement.

Le troisième <point> est manifeste en vertu des arguments contre la première différence, car Dieu peut causer l'une et l'autre connaissances par la même <chose> tout entière, et il n'est pas requis que la chose meuve objectivement et en son existence propre, comme il a été prouvé.

Le quatrième <point> est manifeste en vertu du même <raisonnement>, car la relation réelle, selon ces <auteurs>[4], ne peut pas se terminer au non-étant ; or, l'objet de la connaissance intuitive peut être un non-étant, comme il a été prouvé et sera prouvé par la suite.

<38> Le cinquième <point> est manifeste en vertu du même <raisonnement>, car, pour la connaissance intuitive, il n'est pas requis que la chose soit présente en son existence propre, comme il a été prouvé.

---

1. *Cf.* Jean Duns Scot, *Reportatio Parisiensis*, I, Prol., q. 2, n. 15 (éd. Wadding, XI-1, 18) – « sans doute selon Scot » écrivent les éditeurs (nous traduisons).

2. Cf. *ibid.*, q. 1, n. 40-42 (éd. Wadding, XI-1, 12) ; *Ordinatio*, I, Prol., p. 3, q. 1-3, n. 124-207 (éd. Vaticana, I, 89-140).

3. *Cf.* Jean Duns Scot, *Quodl.*, q. 13, n. 10 (éd. Wadding, XII, 310) ; « plus clairement », écrivent les éditeurs (nous traduisons), chez Jean de Bassoles, *Sent.*, I, Prol., q. 1 (éd. Paris 1517, I, f. 3vb).

4. *Cf.* Jean Duns Scot, *Reportatio Parisiensis*, I, d. 31, q. 3, n. 27 (éd. Wadding, XI-1, 177) ; *Quodl.*, q. 13, n. 14-15 (éd. Wadding, XII, 320s.).

Opinio auctoris de differentia notitiae intuitivae et abstractivae

Ideo dico quod notitia intuitiva et abstractiva se ipsis differunt et non penes obiecta nec penes causas suas quascumque, quamvis naturaliter notitia intuitiva non possit esse sine exsistentia rei, quae est vere causa efficiens notitiae intuitivae mediata vel immediata, sicut alias dicetur. Notitia autem abstractiva potest esse naturaliter ipsa re nota simpliciter destructa. Et si sic intellexit ponens praedictas differentias, veritatem videtur habere quantum ad istam materiam, quamvis in aliquibus, quae spectant ad alias difficultates, non contineant veritatem; de quibus dicetur locis suis.

Corollarium I

Ex istis sequitur quod notitia intuitiva, tam sensitiva quam intellectiva, potest esse de re non exsistente. Et hanc conclusionem probo, aliter quam prius, sic: omnis res absoluta, distincta loco et subiecto ab alia re absoluta, potest per divinam potentiam absolutam exsistere sine illa, quia non videtur verisimile quod si Deus vult destruere unam rem absolutam exsistentem in caelo <39> quod necessitetur destruere unam aliam rem exsistentem in terra. Sed visio intuitiva, tam sensitiva quam intellectiva, est res absoluta, distincta loco et subiecto ab obiecto. Sicut si videam intuitive stellam exsistentem in caelo, illa visio intuitiva, sive sit sensitiva sive intellectiva, distinguitur loco et subiecto ab obiecto viso; igitur ista visio potest manere stella destructa; igitur etc.

<Opinion de l'auteur au sujet de la différence
entre l'intuitive et l'abstractive>

C'est pourquoi je dis que la connaissance intuitive et la <connaissance> abstractive diffèrent par elles-mêmes et non pas en vertu des objets ni en vertu de leurs causes respectives, bien qu'il ne puisse pas naturellement y avoir une connaissance intuitive sans l'existence de la chose, laquelle est vraiment la cause efficiente médiate ou immédiate de la connaissance intuitive, comme on le dira ailleurs. Mais il peut naturellement y avoir une connaissance abstractive alors que la chose connue est absolument détruite. Et si celui qui pose les différences présentées ci-dessus a compris <les choses> de cette manière, il semble avoir la vérité quant à cette matière, bien que certains <de ses propos>, qui se rapportent à d'autres difficultés, ne contiennent pas la vérité, <propos> dont on parlera en temps et lieu.

<Premier corollaire>

Il s'ensuit qu'il peut y avoir une connaissance intuitive, tant sensitive qu'intellective, d'une chose non-existante. Et je prouve cette conclusion, autrement qu'auparavant, de la manière suivante : toute chose absolue, distincte selon le lieu et le sujet d'une autre chose absolue, peut exister sans celle-ci par la puissance divine absolue, car il ne semble pas vraisemblable que, si Dieu veut détruire une chose absolue existant dans le ciel, <39> il soit nécessité à détruire une autre chose existant sur la terre ; or, la vision intuitive, tant sensitive qu'intellective, est une chose absolue, distincte de l'objet selon le lieu et le sujet ; par exemple, si je vois intuitivement une étoile existant dans le ciel, cette vision intuitive, qu'elle soit sensitive ou intellective, se distingue de l'objet vu selon le lieu et le sujet ; par conséquent, cette vision peut demeurer alors que l'étoile est détruite : donc, etc.

Patet etiam ex praedictis quomodo Deus habet notitiam intuitivam omnium, sive sint sive non sint, quia ita evidenter cognoscit creaturas non esse quando non sunt, sicut cognoscit eas esse quando sunt.

Patet etiam quod res non exsistens potest cognosci intuitive, quantumcumque primum obiectum illius actus non exsistat, – contra opinionem aliquorum, – quia visio coloris sensitiva potest conservari a Deo ipso colore non exsistente; et tamen ista visio terminatur ad colorem tamquam ad primum obiectum, et eadem ratione visio intellectiva.

Corollarium II

Patet etiam quod intellectus noster pro statu isto non tantum cognoscit ista sensibilia, sed in particulari et intuitive cognoscit aliqua intelligibilia quae nullo modo cadunt sub sensu, non plus <40> quam substantia separata cadit sub sensu, cuiusmodi sunt intellectiones, actus voluntatis, delectatio consequens et tristitia et huiusmodi, quae potest homo experiri inesse sibi, quae tamen non sunt sensibilia nec sub aliquo sensu cadunt. Quod enim talia cognoscantur a nobis in parti-

Il est manifeste aussi, à partir de ce qui a été dit auparavant, comment Dieu a une connaissance intuitive de toutes <choses>, qu'elles existent ou n'existent pas, parce que, tout comme il sait que les créatures existent, quand elles existent, de même il sait avec évidence qu'elles n'existent pas, quand elles n'existent pas.

Il est manifeste aussi qu'on peut connaître intuitivement une chose non-existante, si tant est que le premier objet de cet acte n'existe pas – contre l'opinion de certains <auteurs>[1] –, parce que la vision sensitive d'une couleur peut être conservée par Dieu alors que cette couleur n'existe pas et, cependant, cette vision se termine à la couleur comme à son premier objet : et, pour la même raison, <il en est de même pour> la vision intellective.

<Second corollaire>

Il est manifeste aussi que notre intellect, dans l'état présent, non seulement connaît les <choses> sensibles, mais il connaît <aussi> en particulier et intuitivement certaines <choses> intelligibles qui ne tombent d'aucune façon sous un sens, pas plus <40> qu'une substance séparée ne tombe sous un sens : et de ce genre sont les intellections, les actes de la volonté, le plaisir qui les accompagne et la tristesse, et <les choses> de ce genre, dont l'homme peut faire l'expérience qu'elles sont en lui, lesquelles cependant ne sont pas des <choses> sensibles et ne tombent pas sous un sens. En effet, que de telles <choses> soient connues par nous en particulier

---

1. Les éditeurs précisent : « À savoir contre l'opinion de Scot, aux endroits cités ci-dessus. Pierre d'Auréol attribue aussi la même opinion à Scot » (nous traduisons); *cf.* Pierre d'Auréol, *Scriptum super primum Sententiarum*, Procem., sect. 2, n. 73-101 (éd. E. Buytaert, St. Bonaventure, New York, Franciscan Institute Publications, Text series, n. 3, 1952, I, p. 196-203).

culari et intuitive, patet, quia haec est evidenter mihi nota « ego intelligo ». Igitur vel haec est prima et immediate accepta ex notitia incomplexa terminorum |§ vel rerum, §| vel scitur per aliquam priorem notiorem. Si primo modo, igitur cum sit contingens, oportet quod aliquis terminus |§ vel res importata per terminum §| intuitive videatur. Quia si praecise intelligeretur abstractive, cum talis cognitio secundum omnes abstrahat ab hic et nunc, per talem non posset sciri veritas contingens quae concernit certam differentiam temporis; igitur ad hoc quod evidenter cognoscatur requiritur aliqua notitia intuitiva. Sed manifestum est quod non sufficit notitia intuitiva mei; igitur requiritur notitia intuitiva intellectionis. Secundum non potest dari, quia nulla est contingens ex qua necessario sequitur ista « ego intelligo ». Vel saltem propter libertatem voluntatis nulla est contingens ex qua necessario sequatur ista « ego diligo Sortem »; quia si sequeretur ex aliqua, maxime sequeretur ex ista « ego intelligo Sortem sub ratione boni » vel « scio Sortem diligendum a me ». Sed quia voluntas potest libere velle oppositum illius quod est dictatum per <41> intellectum, ideo ex nulla tali sequitur necessario ista « ego diligo Sortem »; et ita ista inter contingentes est simpliciter prima, et ita non potest evidenter cognosci per aliam priorem.

et intuitivement, cela est manifeste, parce que cette <proposition> m'est connue avec évidence : « moi j'intellige ». Donc, ou bien cette <proposition> est première et immédiatement dérivée de la connaissance incomplexe des termes |§ ou des choses §|, ou bien elle est connue par une <proposition> antérieure plus connue. Si c'est de la première façon, puisque <la proposition> est contingente, il faut donc qu'un terme |§ ou une chose désignée par un terme §| soit vu intuitivement, parce que s'il était exclusivement intelligé de manière abstractive, puisqu'une telle connaissance, selon tout le monde, abstrait de l'ici et maintenant, par elle on ne pourrait pas connaître une vérité contingente qui concerne une modalité temporelle distincte : donc, une connaissance intuitive est requise pour que <la vérité contingente> soit connue avec évidence. Mais il est manifeste qu'une connaissance intuitive du moi ne suffit pas ; donc, une connaissance intuitive de l'intellection est requise. La seconde <hypothèse>[1] ne peut pas être concédée, parce qu'il n'y a aucune <proposition> contingente de laquelle suit nécessairement celle-ci : « moi j'intellige ». Ou du moins, en raison de la liberté de la volonté, il n'y a aucune <proposition> contingente de laquelle suit nécessairement celle-ci : « moi j'aime Socrate », parce que si elle suivait d'une <proposition>, elle suivrait précisément de celle-ci : « moi j'intellige Socrate sous l'aspect du bien » ou « je sais que Socrate doit être aimé par moi ». Mais parce que la volonté peut librement vouloir l'opposé de ce qui est dicté par <41> l'intellect, cette proposition : « moi j'aime Socrate » ne suit nécessairement d'aucune <proposition> de la sorte : et ainsi, cette <proposition> est absolument première parmi les contingentes et, par conséquent, elle ne peut pas être connue avec évidence par une autre <proposition> antérieure.

---

1. La seconde hypothèse est celle voulant que la proposition « moi j'intellige » soit connue par une proposition antérieure plus connue.

Praeterea, sicut tactum est, notitia accepta per experientiam non potest esse sine notitia intuitiva. Sed de istis accipitur scientia per experientiam, quia ita experimur ista in nobis sicut quaecumque sensibilia, nec plus dubitat aliquis an diligat vel non quam quod calefit vel videt; igitur etc.

<43> Igitur sicut de rebus corporalibus potest haberi una notitia qua potest sciri aliqua veritas contingens et alia qua non potest sciri, ita de rebus spiritualibus; et ita utraque illarum notitiarum erit intellectiva.

Praeterea, illae veritates quae inter omnes contingentes certius et evidentius cognoscuntur ab intellectu, habent terminos |§ vel res importatas §| maxime notas in particulari et intuitive, sicut notitia veritatis contingentis praesupponit necessario notitiam intuitivam et in particulari. Sed veritates contingentes de istis mere intelligibilibus inter omnes veritates contingentes certius et evidentius cognoscuntur a nobis, sicut patet per experientiam et per beatum Augustinum XV *De Trinitate*, cap. 12 [1], ubi declarat diffuse quod quamvis posset dubitare de istis sensibilibus, non tamen de talibus : scio me vivere, scio quod volo esse beatus, scio quod nolo errare. Et post dicit sic : « Cum duo sint genera rerum quae sciuntur, unum earum quas per sensum corporis percipit animus, alterum earum quas per

---

1. Augustin, *De Trinitate*, XV, 12 (PL 42, 1073 *sq.*).

En outre, comme nous en avons touché mot, la connaissance reçue par expérience ne peut pas exister sans connaissance intuitive; or, de ces <choses intelligibles>, la science est reçue par expérience, parce que nous faisons aussi bien l'expérience de ces <choses> en nous que de n'importe quelle <chose> sensible, et personne ne doute davantage <du fait> qu'il aime ou non que <du fait> qu'il a chaud ou qu'il voit : donc, etc.

<43> Donc, tout comme des choses corporelles on peut avoir une connaissance par laquelle on peut connaître une vérité contingente et une autre par laquelle on ne peut pas connaître <la même vérité contingente>, de même <en est-il> des choses spirituelles : et ainsi, l'une et l'autre de ces connaissances seront intellectives.

En outre, parmi toutes les <vérités> contingentes, les vérités qui sont connues par l'intellect avec plus de certitude et plus d'évidence ont des termes |§ ou des choses désignées <par les termes> §| précisément connus en particulier et intuitivement, puisque la connaissance d'une vérité contingente présuppose nécessairement une connaissance intuitive et en particulier. Or, parmi toutes les vérités contingentes, les vérités contingentes au sujet de ces <choses> purement intelligibles sont connues par nous avec plus de certitude et plus d'évidence, comme il est manifeste par expérience et par le bienheureux Augustin au quinzième <livre> du *De Trinitate*, chapitre douze, où il explique en détail que, bien que l'on puisse douter des <choses> sensibles, <on ne peut> pas cependant <douter> de <choses> telles que : je sais que je vis, je sais que je veux être bienheureux, je sais que je ne veux pas faire erreur. Et ensuite il dit ceci : «Comme il y a deux genres de choses qui sont connues, l'un de celles que l'esprit perçoit par un sens corporel, l'autre de celles que <l'esprit perçoit> par

se ipsum : multa illi philosophi, – scilicet Academici –, garrierunt contra corporis sensus; animi autem quasdam firmissimas per se ipsum perceptiones rerum verarum, quale est illud quod dixi "scio me vivere", nequaquam in dubium vocare potuerunt »[1].

Ex ista auctoritate patet quod intellectus aliqua intelligit quae prius erant sensata et aliqua non. Similiter patet quod istae veritates contingentes de istis intelligibilibus evidentissime cognoscuntur, ita <44> quod de eis non potest aliquis habens notitiam, qualem habet aliquis de fide propria, dubitare. Igitur [inter] omnes veritates contingentes istae de mere intelligibilibus sunt evidentiores, et per consequens non praesupponunt aliquas alias ex quibus cognoscantur. Ex quo ulterius sequitur quod ad earum notitiam evidentem requiritur notitia intuitiva alicuius mere intelligibilis.

Art. VI : Dubia decem circa quaestionem

<52> (...) Tertium dubium est de primo articulo, quia primo videtur quod non sit talis duplex notitia. Et arguunt aliqui primo sic : Eiusdem potentiae respectu eiusdem obiecti sub eadem ratione non possunt esse distincti actus secundum speciem : tum quia actus, cum non dependeant essentialiter

---

1. *Ibid.* (PL 42, 1075).

lui-même, ces nombreux philosophes – à savoir les Académi-
ciens – ont maugréé contre les sens corporels, mais d'aucune
façon ils ne purent mettre en doute certaines perceptions très
fermes de l'esprit par lui-même <portant sur> des choses
vraies, telle qu'est cette <proposition> dont j'ai parlé : "je sais
que je vis" ».

À partir de cette autorité, il est manifeste que l'intellect
intellige certaines <choses> qui ont été auparavant perçues
et certaines <autres choses qui n'ont> pas <été auparavant
perçues>. Pareillement, il est manifeste que les vérités contingentes au sujet des <choses> intelligibles sont connues avec le
plus haut degré d'évidence, de sorte <44> que quelqu'un qui
en a une connaissance, telle qu'il a de sa propre foi, ne puisse
pas en douter. Donc, parmi toutes les vérités contingentes,
celles au sujet des <choses> purement intelligibles sont plus
évidentes et, par conséquent, elles ne présupposent pas
quelques autres <vérités> à partir desquelles elles seraient
connues. Il s'ensuit en outre qu'une connaissance intuitive
d'une <chose> purement intelligible est requise pour la
connaissance évidente de ces <vérités>.

<Sixième article : dix doutes relatifs à la question>

<52> (…) Le troisième doute est au sujet du premier
article, parce qu'il semble en premier lieu qu'il n'y ait pas une
telle double connaissance. Et certains <auteurs>[1] argumentent
d'abord ainsi : <s'agissant> d'une même puissance <cogni-
tive> au regard d'un même objet <considéré> sous le même
aspect, il ne peut pas y avoir des actes spécifiquement distincts,
parce que, comme les actes ne dépendent de manière essen-

---

1. *Cf.* Thomas d'Aquin, *Summa theologiae*, I, q. 77, a. 3.

nisi a potentia et ab obiecto, oportet quod habeant distinctionem vel a potentia vel ab obiecto; (…) <53> Ergo respectu eiusdem obiecti sub eadem ratione non possunt esse distinctae notitiae specie. – Secundo, videtur quod intellectus non habeat notitiam intuitivam : primo, quia notitia intuitiva est tantum rei singularis, intellectus autem intelligit tantum universale; secundo, quia intellectus abstrahit ab hic et nunc, non sic autem notitia intuitiva.

Quartum dubium est : respectu quorum sit notitia intuitiva pro statu isto. Quia non videtur quod sit respectu aliquorum aliorum quam respectu sensibilium.

<54> Hoc etiam videtur esse contra Philosophum, (…) *De memoria et reminiscentia* : « Intelligere non est sine phantasmate ».

(…)

Quintum dubium est : respectu quorum intelligibilium est notitia intuitiva, an scilicet respectu habituum sicut respectu <55> actuum. Quia non videtur maior ratio de actibus quam de habitibus, cum aequaliter sint praesentes habitus sicut actus.

Sextum dubium est de notitia intuitiva et illo iudicio quo iudicatur res esse vel non esse : quia aut distinguuntur realiter aut non. Non potest dici quod sic, quia impossibile est idem esse realiter idem cum duobus oppositis. Sed stante semper eadem notitia intuitiva, et re variata, intellectus primo iudicat

tielle que de la puissance et de l'objet, il faut qu'ils reçoivent leur distinction soit de la puissance, soit de l'objet (…). <53> Donc, au regard d'un même objet <considéré> sous le même aspect, il ne peut pas y avoir des connaissances spécifiquement distinctes. En second lieu, il semble que l'intellect n'ait pas une connaissance intuitive : premièrement, parce qu'il n'y a connaissance intuitive que d'une chose singulière, mais l'intellect n'intellige que l'universel; deuxièmement, parce que l'intellect abstrait de l'ici et maintenant, mais la connaissance intuitive <n'abstrait> pas ainsi.

Le quatrième doute est <le suivant> : <on se demande> au regard de quoi il y a connaissance intuitive dans l'état présent. Parce qu'il ne semble pas qu'elle soit au regard d'autres <choses> qu'au regard des <choses> sensibles.

<54> Et cela <la connaissance intuitive des choses purement intelligibles> semble être contre le Philosophe (…), *De memoria et reminiscentia* : « Intelliger ne se fait pas sans phantasme ».

(…)

Le cinquième doute est <le suivant> : <on se demande> au regard de quelles <choses> intelligibles il y a connaissance intuitive, à savoir s'il y en a au regard des habitus comme au regard <55> des actes. Parce qu'on ne voit pas davantage de raison <qu'il y en ait> des actes que des habitus, puisque les habitus comme les actes sont également présents.

Le sixième doute est au sujet de la connaissance intuitive et du jugement par lequel on juge qu'une chose existe ou n'existe pas : car, soit ils se distinguent réellement, soit non. On ne peut pas dire que oui, parce qu'il est impossible qu'une même <chose> soit réellement identique à deux opposés; or, étant donné une connaissance intuitive qui demeure toujours la même, alors que la chose subit une variation, l'intellect juge

rem esse quando est, et post iudicat eam non esse quando non est; igitur neutri illorum iudiciorum est idem realiter, quia non est maior ratio de uno quam de alio. Similiter, si intellectus primo videret intuitive albedinem et subiectum suum, et stante semper illa visione primo albedo informaret subiectum et post per potentiam divinam separaretur, ille sic videns iudicaret primo hoc esse album et post hoc non esse album, et ita haberet opposita iudicia compossibilia eidem notitiae intuitivae. Igitur cum neutro est eadem realiter.

Non potest dici quod distinguuntur realiter : primo, quia tunc, cum notitia sit prior illo iudicio, sequeretur quod posset fieri per divinam potentiam sine eo, et ita posset aliquis intuitive videre rem existentem etiam perfecte et tamen ignorare an res esset vel non (…). Secundo, sequeretur quod aliquis posset intuitive videre perfecte rem exsistentem et tamen <56> iudicare rem non esse : quia quando alicui absoluto est aliquid aliud absolutum compossibile, si sit ab illo separabile, suum oppositum absolutum est eidem compossibile, (…) igitur si cum notitia intuitiva rei exsistentis stat iudicium quod exsistit, et est ab ea separabile iudicium oppositum quo iudicatur res non esse, stabit cum eadem.

d'abord que la chose existe, quand elle existe, et juge ensuite qu'elle n'existe pas, quand elle n'existe pas : donc, <la connaissance intuitive> n'est réellement identique à aucun de ces deux jugements, parce qu'il n'y a pas plus de raison <qu'elle le soit> pour l'un que pour l'autre. Pareillement, si l'intellect d'abord voyait intuitivement une blancheur et son sujet, et <si> ensuite, alors qu'aurait toujours lieu cette vision initiale d'une blancheur qui informe un sujet, <cette blancheur> était séparée <de son sujet> par la puissance divine, celui qui voit ainsi jugerait d'abord que cette <chose> est blanche et ensuite que cette <chose> n'est pas blanche et, par conséquent, il aurait deux jugements opposés compossibles à la même connaissance intuitive : donc, <la connaissance intuitive> n'est réellement identique à aucun des deux <jugements>.

On ne peut pas dire <non plus> qu'ils se distinguent réellement. Car dans ce cas, premièrement, puisque la connaissance est antérieure au jugement, il s'ensuivrait qu'elle pourrait être produite sans lui par la puissance divine, et ainsi quelqu'un pourrait voir intuitivement, même parfaitement, une chose qui existe, et cependant ne pas savoir si cette chose existe ou non (…). Deuxièmement, il s'ensuivrait que quelqu'un pourrait parfaitement voir intuitivement une chose qui existe, et cependant <56> juger que cette chose n'existe pas, car lorsque deux choses absolues sont compossibles et sont séparables l'une de l'autre, l'opposé absolu de l'une est également compossible à l'autre (…) : donc, si le jugement qu'une chose existe se tient avec la connaissance intuitive d'une chose qui existe, et est séparable de cette <connaissance>, le jugement opposé, par lequel on juge que la chose n'existe pas, se tiendra <aussi> avec cette même <connaissance>.

Septimum dubium est, quia non videtur quod per notitiam intuitivam de re non exsistente possit evidenter cognosci res non esse. Quia quaero : a quo causatur illud iudicium quo intellectus iudicat rem non esse quando non est ? Aut a sola potentia intellectiva, aut a notitia intuitiva rei, aut a re intuitive nota. Non primum, quia illa manet invariata sive res sit sive non sit. Igitur cum sit causa naturalis, in eodem passo non habebit effectus oppositos etiam in diversis temporibus, sed quando res est tunc iudicat rem esse ; ergo sive res sit sive non, non erit causa totalis actus oppositi. Per idem patet quod non potest dici quod notitia intuitiva sit causa totalis illius iudicii. Nec potest dici tertium, quia illa res est simpliciter non-ens ; igitur nullius effectus potest esse causa efficiens.

Octavum dubium est, quia non videtur quod notitia intuitiva potest esse non-exsistentis : tum quia tunc Deus posset <57> beatificare intellectum per notitiam intuitivam deitatis, posito quod Deus non esset. Similiter, sequeretur quod tanta posset esse delectatio in absentia delectabilis quanta in praesentia, quia delectatio sufficienter potest poni posita notitia intuitiva rei.

(…)

Le septième doute est <le suivant> : il ne semble pas que, par la connaissance intuitive d'une chose non-existante, on puisse savoir avec évidence que cette chose n'existe pas. Parce que, je demande : par quoi est causé ce jugement par lequel l'intellect juge que la chose n'existe pas, quand elle n'existe pas ? Soit par la seule puissance intellective, soit par la connaissance intuitive de la chose, soit par la chose connue intuitivement. Pas la première <hypothèse>, parce que cette <puissance intellective> demeure inchangée, que la chose existe ou n'existe pas. Donc, puisque <cette puissance> est une cause naturelle, elle n'aura pas des effets opposés dans le même patient, même à différents moments ; or, quand la chose existe, elle juge alors que la chose existe : donc, que la chose existe ou non, <la puissance intellective> ne sera pas la cause totale de l'acte <judicatif> opposé. Par le même <raisonnement>, il est manifeste qu'on ne peut pas dire que la connaissance intuitive est la cause totale de ce jugement. Et on ne peut pas affirmer la troisième <hypothèse>, parce que cette chose est absolument un non-existant : donc, elle ne peut être la cause efficiente d'aucun effet.

Le huitième doute est <le suivant> : il ne semble pas qu'il puisse y avoir connaissance intuitive d'un non-existant, parce que, dans ce cas, étant supposé que Dieu n'existerait pas, Dieu pourrait <57> béatifier l'intellect par une connaissance intuitive de sa déité. Pareillement, il s'ensuivrait qu'il pourrait y avoir autant de plaisir en l'absence de l'objet de plaisir qu'en sa présence, parce que le plaisir peut être posé de manière suffisante lorsque la connaissance intuitive de la chose est posée.

(...)

Decimum dubium est de hoc quod dicitur quod talis notitia est communicabilis viatori, quia omnis notitia abstractiva alicuius rei praesupponit notitiam intuitivam eiusdem. Sed notitia intuitiva Dei non est communicabilis viatori; igitur nec notitia abstractiva.

Solutio dubiorum

<60> Ad tertium dico, sicut prius, quod respectu eiusdem rei sub eadem ratione possunt esse duae notitiae specie distinctae. <61> Ad argumentum in contrarium dico quod eiusdem potentiae respectu eiusdem obiecti possunt esse tales distinctae cognitiones.

Ad primam probationem dico quod seipsis distinguuntur formaliter, causaliter tamen distinguuntur a suis causis essentialibus a quibus habent esse. Non tamen sic quod necessario requirant distinctas causas essentiales, quia ab eadem causa simpliciter possunt fieri plura, puta a Deo, et ideo dependent essentialiter ab alio quam a potentia et obiecto. Tamen naturaliter loquendo istae notitiae habent distinctas causas effectivas, quia causa effectiva notitiae intuitivae est ipsa res nota, causa autem effectiva notitiae abstractivae est ipsamet notitia intuitiva vel aliquis habitus inclinans ad notitiam abstractivam, sicut alias dicetur.

Le dixième doute est au sujet de ce qui est affirmé : qu'une telle connaissance <à savoir une connaissance abstractive distincte de la déité> est communicable à l'homme ici-bas, parce que toute connaissance abstractive d'une chose présuppose la connaissance intuitive de cette même <chose>; or, la connaissance intuitive de Dieu n'est pas communicable à l'homme ici-bas : donc, ni la connaissance abstractive.

<Solution des doutes>

<60> Au troisième <doute>, je dis, comme auparavant, qu'au regard d'une même chose <considérée> sous le même aspect, il peut y avoir deux connaissances spécifiquement distinctes. <61> À l'argument en sens contraire, je dis que, <s'agissant> d'une même puissance <cognitive> au regard d'un même objet, il peut y avoir de telles connaissances distinctes.

À la première preuve, je dis que <ces connaissances> se distinguent formellement par elles-mêmes, cependant elles se distinguent causalement par leurs causes essentielles, par lesquelles elles ont l'être. Non pas cependant de telle sorte qu'elles requièrent nécessairement des causes essentielles distinctes, car plusieurs <choses> peuvent être produites absolument par la même cause, à savoir par Dieu, et c'est pourquoi <ces connaissances> dépendent de manière essentielle de <quelque chose> d'autre que de la puissance et de l'objet. Toutefois, en parlant selon la nature, ces connaissances ont des causes effectives distinctes, parce que la cause effective de la connaissance intuitive est la chose connue elle-même, mais la cause effective de la connaissance abstractive est la connaissance intuitive elle-même ou un habitus qui incline à la connaissance abstractive, comme on le dira ailleurs.

<63> Ad secundum argumentum probans quod intellectus non habet notitiam intuitivam, quia non cognoscit singulare, dico quod intellectus pro statu isto cognoscit singulare et primo, sicut patebit alias; et est primum cognitum primitate generationis.

<64> Ad tertium, quod intellectus non abstrahit ab hic et nunc in omni intellectione, quamvis in aliqua sic abstrahat. Quia sicut intellectus habet unam notitiam per quam non potest iudicare de hic et nunc, – hoc est an res sit hic vel an sit nunc vel non, non plus quam phantasia –, et illa est notitia abstractiva, ita habet aliam notitiam per quam concernit hic et nunc, quia per eam – nisi sit aliquod impedimentum – ita potest iudicare quod est hic et quod est nunc, sicut potest, secundum alios, sensus : et illa est notitia intuitiva.

Si dicatur quod intellectus abstrahit a materia et a condicionibus materialibus, dico quod ista abstractio non est intelligenda ex parte obiecti, et hoc in omni intellectione. Quia dico, sicut alias probabitur, quod idem totaliter sub eadem ratione <65> a parte obiecti est primum obiectum sensus exterioris et intellectus primitate generationis, et hoc pro statu isto; et ita obiectum intellectus in illa intellectione prima non est magis abstractum quam obiectum sensus.

<63> Au second argument qui prouve que l'intellect n'a pas une connaissance intuitive, parce qu'il ne connaît pas le singulier, je dis que l'intellect, dans l'état présent, connaît le singulier et <le connaît> en premier, comme il sera manifeste ailleurs : et <le singulier> est le premier <objet> connu selon la primauté d'engendrement.

<64> Au troisième <argument>, <je dis> que l'intellect n'abstrait pas de l'ici et maintenant en toute intellection, bien qu'il abstraie ainsi en une certaine <intellection>. Parce que, tout comme l'intellect a une connaissance par laquelle il ne peut pas juger de l'ici et maintenant – c'est-à-dire, si une chose existe ici ou si elle existe maintenant ou non, pas plus que l'imagination –, et cette connaissance est l'abstractive, de même <l'intellect> a une autre connaissance par laquelle il discerne l'ici et maintenant, car par elle – à moins qu'il n'y ait quelque empêchement – il peut juger ce qui existe ici et ce qui existe maintenant, tout comme le peut le sens, selon d'autres <auteurs> [1] : et cette connaissance est l'intuitive.

Si l'on dit que l'intellect abstrait de la matière et des conditions matérielles [2], je dis que cette abstraction ne doit pas être comprise du côté de l'objet et ce, en toute intellection. Parce que je dis, comme il sera prouvé ailleurs, que, du côté de l'objet, la même <chose> tout entière <considérée> sous le même aspect <65> est le premier objet du sens extérieur et de l'intellect, selon la primauté d'engendrement, et ce, dans l'état présent : et ainsi, en cette première intellection, l'objet de l'intellect n'est pas plus abstrait que l'objet du sens.

---

1. « Cette affirmation est attribuée à Averroès » par Ockham, écrivent les éditeurs (nous traduisons) : *cf.* Averroès, *In Aristot. De anima*, III, t. 22 (éd. F.S. Crawford, p. 456).

2. *Cf.* Thomas d'Aquin, *Summa theologiae*, I, q. 85, a. 1.

Potest tamen postea intellectus abstrahere multa : et conceptus communes, et intelligendo unum coniunctorum in re non
intelligendo reliquum. Et hoc non potest competere sensui. Si
autem illa abstractio intelligatur universaliter, intelligenda est
a parte intellectionis, quia illa est simpliciter immaterialis ; non
autem sic cognitio sensitiva.

Ad quartum dubium dico, sicut probatum est prius, quod
intellectus noster pro statu isto intelligit aliquod mere
intelligibile in particulari et intuitive.

<67> Ad aliam auctoritatem *De memoria et reminiscentia*[1]
dico quod nihil est intelligere sine phantasmate, quia omnis
notitia intellectiva praesupponit pro statu isto necessario
cognitionem sensitivam tam sensus exterioris quam interioris.

Si dicatur : notitia intuitiva est prima, igitur nullam aliam
praesupponit, dico quod notitia intuitiva nullam praesupponit
eiusdem in eadem potentia, tamen praesupponit aliam notitiam in alia potentia, sicut notitia intuitiva albedinis intellectiva praesupponit notitiam intuitivam sensitivam eiusdem.
Similiter, notitia intuitiva intellectionis vel affectionis vel
delectationis praesupponit notitiam obiecti illius intellectionis
vel affectionis vel delectationis, et sic de aliis. Tamen si esset
possibile quod esset amor in voluntate sine omni cognitione praevia, notitia intuitiva illius amoris nullam aliam
praesupponeret. Sed hoc non est possibile pro statu isto.

---

1. Aristote, *De memoria et reminiscentia*, 1 (450 a 12-13).

Cependant, l'intellect peut ensuite abstraire de nombreuses <choses> : et des concepts communs, et intelliger une des <choses> conjointes dans la réalité sans intelliger l'autre. Et cela ne peut pas être du ressort du sens. Or, si cette abstraction <de la matière> est comprise de manière générale, elle doit être comprise du côté de l'intellection, parce que celle-ci est absolument immatérielle, mais la connaissance sensitive n'<est> pas de la sorte.

Au quatrième doute, je dis, comme il a été prouvé auparavant, que notre intellect, dans l'état présent, intellige la <chose> purement intelligible en particulier et intuitivement.

<67> À l'autre autorité, *De memoria et reminiscentia*, je dis que rien n'est intelligé sans phantasme, parce que, dans l'état présent, toute connaissance intellective présuppose nécessairement une connaissance sensitive tant du sens extérieur que <du sens> intérieur.

Si l'on dit : la connaissance intuitive est première, donc elle ne présuppose aucune autre <connaissance>, je dis que la connaissance intuitive ne présuppose aucune <connaissance> de la même <chose> dans la même puissance <cognitive> ; cependant, elle présuppose une autre connaissance dans une autre puissance <cognitive> : par exemple, la connaissance intuitive intellective d'une blancheur présuppose la connaissance intuitive sensitive de cette même <blancheur>. Pareillement, la connaissance intuitive d'une intellection ou d'une affection ou d'un plaisir présuppose la connaissance de l'objet de cette intellection ou de cette affection ou de ce plaisir ; et <il en est> ainsi pour d'autres <cas>. Cependant, s'il était possible qu'il y ait un amour dans la volonté sans aucune connaissance préalable, la connaissance intuitive de cet amour ne présupposerait aucune autre <connaissance> ; mais cela n'est pas possible dans l'état présent.

<69> Ad quintum dubium dico quod notitia intuitiva pro statu isto non est respectu omnium intelligibilium, etiam aequaliter praesentium intellectui, quia est respectu actuum et non respectu habituum. (…)

Ad sextum dubium dico quod notitia illa intuitiva et illud iudicium distinguuntur realiter, quia illa notitia intuitiva est respectu incomplexi, illud autem iudicium est respectu complexi.

<70> Ad primum argumentum in contrarium dico quod potest fieri illa notitia intuitiva sine iudicio consequente, et ita potest quis diligere et tamen non iudicare se diligere, sicut non est impossibile quod aliquis cognoscat terminos alicuius propositionis per se notae et tamen quod non sciat illam propositionem, etiam posito quod apprehendat.

Si dicatur quod tunc non erit propositio per se nota, quia propositio per se nota cognoscitur statim apprehensis terminis et cognitis, dico quod illa est propositio per se nota ad cuius evidentem notitiam sufficiunt termini cum generali influentia Dei; potest tamen Deus hoc impedire. Ita notitia intuitiva sufficit ad notitiam evidentem quod res sit nisi sit impedimentum vel nisi activitas illius notitiae intuitivae impediatur.

Ad secundum: forte non est inconveniens quod res intuitive videatur et tamen quod intellectus ille credat esse, quamvis naturaliter non possit hoc fieri. Et hoc sufficit ad notitiam intuitivam quod quantum est ex se sit sufficiens ad faciendum rectum iudicium de exsistentia rei vel nonexsistentia.

<69> Au cinquième doute, je dis que, dans l'état présent, la connaissance intuitive n'est pas au regard de toutes <les choses> intelligibles, même également présentes à l'intellect, parce qu'elle est au regard des actes mais pas au regard des habitus. (…)

Au sixième doute, je dis que la connaissance intuitive et le jugement se distinguent réellement, parce que la connaissance intuitive est au regard d'une <chose> incomplexe, mais le jugement est au regard d'un complexe <propositionnel>.

<70> Au premier argument en sens contraire, je dis qu'une connaissance intuitive peut être produite sans le jugement qui l'accompagne, et ainsi quelqu'un peut aimer et cependant ne pas juger qu'il aime, tout comme il n'est pas impossible que quelqu'un connaisse les termes d'une proposition connue par soi et cependant qu'il ne connaisse pas cette proposition, étant même supposé qu'il l'appréhende.

Si l'on dit que dans ce cas il n'y aura pas de proposition connue par soi, parce que la proposition connue par soi est connue aussitôt que ses termes sont appréhendés et connus, je dis que la proposition connue par soi est celle dont les termes suffisent à sa connaissance évidente, avec l'influence générale de Dieu; cependant, Dieu peut empêcher cela. Ainsi, la connaissance intuitive suffit pour savoir avec évidence qu'une chose existe, à moins qu'il n'y ait un empêchement ou à moins que l'activité de cette connaissance intuitive ne soit empêchée.

Au second <argument> : peut-être qu'il n'est pas inconvenant qu'une chose soit vue intuitivement et cependant que l'intellect croie que cette chose n'existe pas, bien que cela ne puisse pas se produire naturellement. Et cela suffit à la connaissance intuitive que, considérée en soi, elle soit suffisante pour produire un jugement droit au sujet de l'existence ou de la non-existence d'une chose.

Ad septimum dubium dico quod per notitiam intuitivam rei potest evidenter cognosci res non esse quando non est vel si non sit. Et quando quaeritur a quo causabitur illud iudicium, potest dici quod potest causari a notitia intuitiva rei. Et quando <71> dicitur quod illa habet causare effectum oppositum si res sit, potest dici quod non est inconveniens quod aliqua causa cum alia causa partiali causet aliquem effectum et tamen quod illa sola sine alia causa partiali causet oppositum effectum. Et ideo notitia intuitiva rei et ipsa res causant iudicium quod res est, quando autem ipsa res non est tunc ipsa notitia intuitiva sine illa re causabit oppositum iudicium. Et ideo concedo quod non est eadem causa illorum iudiciorum, quia unius causa est notitia sine re, alterius causa est notitia cum re tamquam cum causa partiali.

Ad octavum : quod contradictio est Deum non esse et tamen notitiam intuitivam Dei esse, et ideo non est mirum si sequatur inconveniens.

Ad aliud quod innuitur : non videtur inconveniens quin possit esse tanta delectatio in absentia quanta in praesentia, per potentiam divinam.

<72> Ad ultimum concedo quod omnis notitia abstractiva alicuius rei naturaliter adquisita praesupponit notitiam intuitivam eiusdem. Cuius ratio est quia nullus intellectus potest naturaliter adquirere notitiam alicuius rei nisi mediante

Au septième doute, je dis que, par la connaissance intuitive d'une chose, on peut savoir avec évidence que cette chose n'existe pas, quand elle n'existe pas ou si elle n'existe pas. Et quand on se demande par quoi sera causé ce jugement, on peut dire qu'il peut être causé par la connaissance intuitive de la chose. Et quand <71> on dit que cette <connaissance> doit causer l'effet opposé si la chose existe, on peut dire qu'il n'est pas inconvenant qu'une cause, avec une autre cause partielle, cause un effet et cependant que cette <cause> seule, sans une autre cause partielle, cause l'effet opposé. Et c'est pourquoi la connaissance intuitive d'une chose et cette chose elle-même causent le jugement que la chose existe, mais quand la chose elle-même n'existe pas, alors la connaissance intuitive elle-même, sans cette chose, causera le jugement opposé. Et c'est pourquoi je concède que ces jugements n'ont pas la même cause, parce que la cause de l'un est la connaissance sans la chose, la cause de l'autre est la connaissance avec la chose comme avec une cause partielle.

Au huitième <doute>, <je dis> qu'il y a contradiction à ce que Dieu n'existe pas et cependant qu'il y ait une connaissance intuitive de Dieu : et c'est pourquoi il n'est pas étonnant que <quelque chose> d'inconvenant s'ensuive.

À l'autre <point> qui est soulevé, <je dis qu'>il ne semble pas inconvenant qu'il puisse y avoir autant de plaisir en l'absence <de l'objet> qu'en sa présence, par la puissance divine.

<72> Au dernier <doute>, je concède que toute connaissance abstractive d'une chose naturellement acquise présuppose une connaissance intuitive de cette même <chose>. La raison en est qu'aucun intellect ne peut naturellement acquérir la connaissance d'une chose, si ce n'est par la médiation de

illa re tamquam causa partiali efficiente. Sed omnis notitia ad quam necessario coexigitur exsistentia rei est intuitiva; igitur prima notitia rei est intuitiva. Tamen Deus potest causare notitiam abstractivam et deitatis et aliarum rerum sine notitia intuitiva praevia, et ita notitia abstractiva deitatis est communicabilis viatori.

cette chose comme cause partielle efficiente ; or, est intuitive toute connaissance pour laquelle est nécessairement co-exigée l'existence de la chose : donc, la première connaissance d'une chose est intuitive. Cependant, Dieu peut causer une connaissance abstractive et de la déité et des autres choses sans connaissance intuitive préalable : par conséquent, la connaissance abstractive de la déité est communicable à l'homme ici-bas.

ORDINATIO, DISTINCTIO 3
QUAESTIO VI

<483> Utrum prima notitia intellectus primitate genera-
tionis sit notitia intuitiva alicuius singularis.

Quod non :

Singulare sub propria ratione singularis non intelligitur,
igitur eius notitia intuitiva non est prima. Antecedens patet per
Philosophum[1], quia intellectus est universalium, et sensus est
particularium.

Ad oppositum :

Dictum est prius quod omne singulare praecedit, et quod
omnis notitia rei abstractiva praesupponit notitiam intuitivam.

Responsio auctoris ad quaestionem

<492> Primo, quod singulare intelligitur. Secundo, quod
prima notitia singularis est intuitiva. Tertio, quod singulare
primo intelligitur.

Primum patet, quia si singulare non posset intelligi,
aut hoc esset ratione perfectionis intellectus, aut ratione
imperfectionis. Non ratione imperfectionis, quia sensus

---

1. Aristote, *De anima*, II, 5 (417 b 22-23); *Physica*, I, 5 (189 a 5-7).

ORDINATIO, DISTINCTION 3
QUESTION 6

<483> Si la première connaissance de l'intellect, selon la primauté d'engendrement, est la connaissance intuitive du singulier.

Non : le singulier, sous l'aspect propre du singulier, n'est pas intelligé : donc, la connaissance intuitive de celui-ci n'est pas première. L'antécédent est manifeste en vertu de <ce qu'affirme> le Philosophe : l'intellect se rapporte aux universaux et le sens se rapporte aux particuliers.

En sens opposé : il a été dit auparavant que tout singulier précède <tout acte de connaître> et que toute connaissance abstractive d'une chose présuppose une connaissance intuitive.

<Réponse de l'auteur à la question>

<492> Premièrement, <je dis> que le singulier est intelligé. Deuxièmement, que la première connaissance du singulier est intuitive. Troisièmement, que le singulier est intelligé en premier.

Le premier <point> est manifeste, car si le singulier ne pouvait pas être intelligé, ce serait ou bien en raison d'une perfection de l'intellect, ou bien en raison d'une imperfection. <Ce n'est> pas en raison d'une imperfection, parce que le sens

est imperfectior intellectu et tamen apprehendit singulare. Nec ratione perfectionis, quia si sic, aut hoc esset quia non potest intelligere aliquid ita imperfectum sicut est singulare materiale, aut quia non potest immutari ab aliquo materiali, aut quia nihil recipit materialiter. Primum non impedit, <493> quia universale abstractum a materialibus non est perfectius ipso singulari, et tamen intelligitur. Nec secundum impedit, quia ab eodem potest poni immutari ad cognitionem singularis sicut ad cognitionem universalis. Si enim immutetur praecise ab intellectu agente ad cognitionem universalis, ita potest aeque faciliter poni quod immutatur praecise ab intellectu agente ad cognitionem singularis. (...) Nec tertium impedit, tum quia non plus repugnat huic singulari recipi immaterialiter quam universali; tum quia cognitio singularis sequens post cognitionem universalis recipitur immaterialiter, igitur non repugnat sibi primo recipi immaterialiter.

Confirmatur, quia universale recipitur immaterialiter, quia species intelligibilis vel cognitio per quam recipitur est immaterialis, quia nihil est realiter in intellectu nisi species intelligibilis vel actus intelligendi vel habitus, secundum istos, et secundum communiter loquentes. Igitur nihil recipitur in intellectu <494> nisi quia aliquod istorum – quod est aliquid illius – recipitur, sicut obiectum dicitur recipi in intellectu, quia

est plus imparfait que l'intellect et cependant il appréhende le singulier. Ni en raison d'une perfection, parce que s'<il en était> ainsi, ce serait soit parce que <l'intellect> ne peut pas intelliger quelque chose d'aussi imparfait que le singulier matériel, soit parce qu'il ne peut pas être mû par une <chose> matérielle, soit parce qu'il ne reçoit rien matériellement. La première <raison> ne fait pas obstacle, <493> car l'universel abstrait des <choses> matérielles n'est pas plus parfait que le singulier et cependant il est intelligé. La seconde <raison> ne fait pas plus obstacle, car on peut poser que c'est par la même <chose> que <l'intellect> est mû à la connaissance du singulier comme à la connaissance de l'universel. En effet, si c'est précisément par l'intellect agent qu'il est mû à la connaissance de l'universel, de même on peut aussi facilement poser que c'est précisément par l'intellect agent qu'il est mû à la connaissance du singulier. (…) La troisième <raison> ne fait pas plus obstacle : d'une part, parce qu'il ne répugne pas plus à un singulier qu'à l'universel d'être reçu immatériellement ; d'autre part, parce que la connaissance du singulier qui vient après la connaissance de l'universel est reçue immatériellement : il ne lui répugne donc pas d'être reçue en premier immatériellement.

Cela est confirmé <de la manière suivante> : l'universel est reçu immatériellement, parce que l'espèce intelligible ou la connaissance par laquelle il est reçu est immatérielle, car rien n'est réellement dans l'intellect sinon une espèce intelligible ou un acte d'intelliger ou un habitus, selon ces <auteurs> et selon ceux qui parlent de manière commune[1]. Donc, rien n'est reçu dans l'intellect <494> sinon parce que l'une de ces <choses> – qui est quelque chose de <l'intellect> – est reçue, tout comme on dit que l'objet est reçu dans l'intellect parce

1. *Cf.* Henri de Gand, *Quodl.*, IV, q. 7 (I, éd. Paris 1518, f. 95A) ; Thomas d'Aquin, *Summa theologiae*, I-II, q. 50, a. 4, *Resp.*

actus intelligendi qui est illius obiecti recipitur in intellectu, et
per consequens non recipitur immaterialiter in intellectu nisi
quia aliquod illorum est immateriale. Sed ipsa cognitio singularis ita poterit esse immaterialis sicut cognitio universalis,
igitur propter hoc non repugnat sibi primo recipi vel cognosci
ab intellectu.

Confirmatur secundo, quia non plus repugnat singulari
materiali recipi immaterialiter quam universali recipi singulariter; sed universale recipitur singulariter in intellectu, quia
intentio sua, et similiter species intelligibilis per quam recipitur, est simpliciter singularis; igitur etc. Praeterea, anima
separata potest intelligere singulare, igitur eadem ratione et
coniuncta.

Secundum probo, quia notitia singularis aliqua potest esse
intuitiva, quia aliter nulla veritas contingens posset evidenter
cognosci ab intellectu; sed notitia intuitiva rei non est poste-
rior notitia abstractiva; igitur notitia intuitiva rei singularis est
simpliciter prima.

Tertio dico quod notitia singularis sensibilis est simpliciter prima pro statu isto, ita quod illud idem singulare quod
primo sentitur a sensu idem et sub eadem ratione primo
intelligitur intuitive ab intellectu, nisi sit aliquod impedimentum, quia de ratione potentiarum ordinatarum est quod
quidquid – et sub eadem ratione – potest potentia inferior
potest et superior. Patet quod idem sub eadem ratione est
sensatum sensu particulari et imaginatum sensu interiori.

que l'acte d'intelliger, qui se rapporte à cet objet, est reçu dans l'intellect et, par conséquent, <l'objet> n'est reçu immatériellement dans l'intellect que parce que l'une de ces <choses> est immatérielle ; or, tout comme la connaissance de l'universel est immatérielle, de même la connaissance du singulier peut <être immatérielle> : pour cette <raison>, donc, il ne répugne pas <au singulier> d'être reçu ou d'être connu en premier par l'intellect.

Cela est confirmé deuxièmement <de la manière suivante> : il ne répugne pas plus au singulier matériel d'être reçu immatériellement qu'à l'universel d'être reçu singulièrement ; or, l'universel est reçu singulièrement dans l'intellect, car son intention, et pareillement l'espèce intelligible par laquelle il est reçu, est absolument singulière : donc, etc. En outre, l'âme séparée peut intelliger le singulier : donc, pour la même raison, <l'âme> conjointe aussi.

Je prouve le second <point de la manière suivante> : une certaine connaissance du singulier peut être intuitive, car autrement aucune vérité contingente ne pourrait être connue avec évidence par l'intellect ; or, la connaissance intuitive d'une chose n'est pas postérieure à la connaissance abstractive <de cette même chose> : donc, la connaissance intuitive d'une chose singulière est absolument première.

Troisièmement, je dis que la connaissance du singulier sensible est absolument première dans l'état présent, de sorte que ce même singulier qui est perçu en premier par le sens, le même et sous le même aspect, est intelligé en premier intuitivement par l'intellect, à moins qu'il n'y ait quelque empêchement. Car il en est de la nature des puissances ordonnées que tout ce que peut, et sous le même aspect, la puissance inférieure, <la puissance> supérieure le peut aussi. Il est manifeste que la même <chose>, <considérée> sous le même aspect, est perçue par le sens particulier et est imaginée par le sens inté-

Similiter, idem sub eadem ratione est <495> cognitum a sensu et appetitum a potentia appetitiva, ita idem sub eadem ratione est cognitum ab intellectu et volitum a voluntate, igitur illud idem quod est primo sensatum a sensu erit intellectum ab intellectu, et sub eadem ratione.

Dicitur quod virtus superior potest in illud in quod potest virtus inferior, sed eminentiori modo, quia illud quod cognoscit sensus materialiter et concrete – quod est cognoscere singulare directe – hoc cognoscit intellectus immaterialiter et in abstracto, quod est cognoscere universale :

Contra : quando cognitum a potentia superiori est simpliciter imperfectius cognito a potentia inferiori, tunc superior potentia non cognoscit modo eminentiori illud quod cognoscitur a potentia inferiori ; sed universale est simpliciter imperfectius et posterius ipso singulari ; igitur intellectus non cognoscit obiectum sensus modo eminentiori.

Praeterea, sensus non cognoscit tantum album quod est concretum, sed albedinem, quia secundum Philosophum, II *De anima*[1], color est per se visibilis ; igitur si cognoscere aliquid in abstracto est cognoscere universale, sensus cognosceret universale.

Praeterea, cognoscere hanc albedinem quae significatur nomine abstracto non est plus cognoscere universale quam cognoscere hoc album quod significatur nomine concreto. Et ideo ille est absurdus et fatuus modus loquendi, dicere quod cognoscere aliquid concrete est cognoscere singulare, et

---

1. Aristote, *De anima*, II, 7 (418 a 26-27).

rieur. Pareillement, la même <chose>, <considérée> sous le même aspect, est <495> connue par le sens et est désirée par la puissance appétitive. De la même façon, la même <chose>, <considérée> sous le même aspect, est connue par l'intellect et est voulue par la volonté : donc, cela même qui est perçu en premier par le sens sera intelligé par l'intellect, et sous le même aspect.

On dit qu'une puissance supérieure est capable de ce dont est capable une puissance inférieure, mais selon un mode plus éminent, car ce que connaît le sens matériellement et concrètement – ce qui est connaître le singulier directement –, l'intellect le connaît immatériellement et dans l'abstrait, ce qui est connaître l'universel.

En sens contraire : quand la <chose> connue par une puissance supérieure est absolument plus imparfaite que la <chose> connue par une puissance inférieure, alors la puissance supérieure ne connaît pas selon un mode plus éminent ce qui est connu par la puissance inférieure ; or, l'universel est absolument plus imparfait que le singulier et postérieur à lui : donc, l'intellect ne connaît pas l'objet du sens selon un mode plus éminent.

En outre, le sens ne connaît pas seulement la <chose> blanche, qui est une <chose> concrète, mais la blancheur, car selon le Philosophe, au deuxième <livre> *De l'âme*, la couleur est visible par soi : donc, si connaître quelque chose dans l'abstrait est connaître l'universel, le sens connaîtrait l'universel.

En outre, connaître cette blancheur qui est signifiée par un nom abstrait n'est pas plus connaître l'universel que connaître cette <chose> blanche qui est signifiée par un nom concret. Et c'est pourquoi cette façon de parler est absurde et idiote, <à savoir> dire que connaître quelque chose concrètement est connaître le singulier et connaître

cognoscere aliquid in abstracto est cognoscere universale, quia concretum et abstractum sunt <496> condiciones et proprietates vocum vel signorum, vel forte conceptuum, quorum cognitio non pertinet ad multos sensus particulares, nisi valde per accidens, et non ad omnes, et tamen omnes habent cognoscere singularia. Et ideo iste est non intelligibilis modus loquendi « cognoscere aliquid ut significatur nomine concreto et cognoscere idem ut significatur nomine abstracto », nisi intelligendo quod contingit aliquid significari utroque nomine, et hoc praecise pertinet ad intellectum.

Praeterea, probatum est prius quod non repugnat singulari intelligi immaterialiter, quia non est impossibile quod cognitio ipsius singularis sit immaterialis. Et hoc confirmatur, quia sicut materia individualis repugnat intellectui ita materia universalis, quae est communis ad materias individuales istorum generabilium et corruptibilium, repugnat intellectui; igitur repugnat intellectui cognoscere materialiter quocumque istorum modorum. Igitur qua ratione singulare materiale non potest primo cognosci ab intellectu, nec universale materiale, quod est commune ad materialia singularia, poterit primo cognosci ab intellectu.

Responsio ad argumentum principale

<521> Ad argumentum principale patet quod intellectus est universalium sed non praecise.

quelque chose dans l'abstrait est connaître l'universel [1], parce que le concret et l'abstrait sont <496> des conditions et des propriétés des sons vocaux ou des signes, ou peut-être des concepts, dont la connaissance ne relève pas des sens particuliers, si ce n'est de manière très accidentelle, et <ne relève> pas de tous <les sens>, et cependant tous peuvent connaître les singuliers. Et c'est pourquoi cette façon de parler est inintelligible : « connaître quelque chose en tant qu'il est signifié par un nom concret et connaître le même en tant qu'il est signifié par un nom abstrait », sauf si l'on entend par là qu'il arrive que quelque chose soit signifié par l'un et l'autre noms : et cela relève exclusivement de l'intellect.

En outre, il a été prouvé auparavant qu'il ne répugne pas au singulier d'être intelligé immatériellement, car il n'est pas impossible que la connaissance du singulier soit immatérielle. Et cela est confirmé <de la manière suivante> : tout comme la matière individuelle répugne à l'intellect, de même la matière universelle, qui est commune aux matières individuelles des <choses> engendrables et corruptibles, répugne à l'intellect : donc, il répugne à l'intellect de connaître matériellement, de quelque manière que ce soit. Par conséquent, l'universel matériel, qui est commun aux <choses> matérielles singulières, ne pourra pas être connu en premier par l'intellect, pour la même raison que le singulier matériel ne peut pas être connu en premier par l'intellect.

<Réponse à l'argument principal>

<521> Concernant l'argument principal, il est manifeste que l'intellect se rapporte aux universaux, mais pas exclusivement.

---

1. *Cf.* Thomas d'Aquin, *Summa theologiae*, I, q. 86, a. 1, ad 4.

REPORTATIO II
QUAESTIONES 12-13

UTRUM ANGELUS INTELLIGAT ALIA A SE PER ESSENTIAM
VEL PER SPECIES
UTRUM ANGELUS SUPERIOR INTELLIGAT PER PAUCIORES
SPECIES QUAM INFERIOR

De cognitione intuitiva et abstractiva

<256> Ideo circa istam quaestionem primo praemitto quasdam distinctiones. Una est quod quaedam est cognitio intuitiva, et quaedam abstractiva. Intuitiva est illa mediante qua cognoscitur res esse quando est, et non esse quando non est. Quia quando perfecte apprehendo aliqua extrema intuitive, statim possum formare complexum quod ipsa extrema uniuntur vel non uniuntur; et <257> assentire vel dissentire. Puta, si videam intuitive corpus et albedinem, statim intellectus potest formare hoc complexum « corpus est », « album est » vel « corpus est album », et formatis istis complexis intellectus statim assentit. Et hoc virtute

REPORTATION II
QUESTIONS 12-13

Si l'ange intellige les autres <choses>
que lui par son essence ou par des espèces
Si un ange supérieur intellige par un plus petit
nombre d'espèces qu'un <ange> inférieur

<Au sujet des connaissances intuitive et abstractive>

<256> Relativement à cette question, j'avance premièrement certaines distinctions. L'une est qu'une certaine connaissance est intuitive et une certaine <autre connaissance est> abstractive. L'intuitive est celle par la médiation de laquelle on sait qu'une chose existe, quand elle existe, et qu'elle n'existe pas, quand elle n'existe pas. Parce que, quand j'appréhende parfaitement des extrêmes de manière intuitive, aussitôt je peux former un complexe <propositionnel> – <affirmant> que ces extrêmes sont unis ou ne sont pas unis – et <257> lui donner ou lui refuser mon assentiment. Par exemple, si je vois intuitivement un corps et une blancheur, aussitôt mon intellect peut former ce complexe <propositionnel> : « un corps existe » <ou> « une <chose> blanche existe » ou « le corps est blanc » et, lorsque ces complexes <propositionnels> sont formés, aussitôt mon intellect leur donne son assentiment et ce, en vertu de

cognitionis intuitivae, quam habet de extremis. Sicut intellectus apprehensis terminis alicuius principii – puta huius « omne totum [est maius »] etc. – et formato complexo per intellectum apprehensivum, statim intellectus assentit virtute apprehensionis terminorum.

Sciendum tamen quod licet stante cognitione intuitiva tam sensus quam intellectus respectu aliquorum incomplexorum possit intellectus complexum ex illis incomplexis intuitive cognitis formare modo praedicto et tali complexo assentire, tamen nec formatio complexi nec actus assentiendi complexo est cognitio intuitiva. Quia utraque cognitio est cognitio complexa, et cognitio intuitiva est cognitio incomplexa. Et tunc, si ista duo, abstractivum et intuitivum, dividant omnem cognitionem tam complexam quam incomplexam, tunc istae cognitiones dicerentur cognitiones abstractivae; et omnis cognitio complexa [diceretur] abstractiva, sive sit in prae-sentia rei stante cognitione intuitiva extremorum sive in absentia rei, et non stante cognitione intuitiva.

Et tunc secundum istam viam potest concedi quod cognitio intuitiva, tam intellectus quam sensus, sit causa partialis cognitionis abstractivae quae praedicto modo habetur. Et hoc, quia omnis effectus sufficienter dependet ex suis causis essentialibus, quibus positis potest effectus poni et ipsis non

la connaissance intuitive qu'il a des extrêmes. Tout comme, lorsque sont appréhendés les termes d'un principe – par exemple, de celui-ci : « le tout <est plus grand que sa partie> » – et lorsque le complexe <propositionnel> est formé par l'intellect appréhensif, aussitôt l'intellect lui donne son assentiment en vertu de l'appréhension des termes.

Il faut cependant savoir que, bien que, lorsqu'il y a connaissance intuitive tant du sens que de l'intellect au regard des <choses> incomplexes, l'intellect puisse former de la façon susmentionnée un complexe <propositionnel> à partir de ces <choses> incomplexes connues intuitivement et donner son assentiment à un tel complexe <propositionnel>, cependant ni la formation du complexe <propositionnel> ni l'acte de donner assentiment au complexe <propositionnel> n'est une connaissance intuitive, parce que l'une et l'autre connaissances sont des connaissances complexes, alors que la connaissance intuitive est une connaissance incomplexe. Et si ces deux-là, l'abstractif et l'intuitif, divisaient toute connaissance tant complexe qu'incomplexe, alors ces connaissances <à savoir la formation d'une proposition et l'acte de lui donner assentiment> seraient dites connaissances abstractives, et toute connaissance complexe <serait dite> abstractive, qu'elle soit en présence de la chose, lorsqu'il y a connaissance intuitive des extrêmes, ou en l'absence de la chose et lorsqu'il n'y a pas de connaissance intuitive.

Et alors, selon cette voie, on peut concéder que la connaissance intuitive, tant de l'intellect que du sens, est cause partielle de la connaissance abstractive que l'on a de la façon susmentionnée – et ce, parce que tout effet dépend de manière suffisante de ses causes essentielles, lesquelles étant posées, l'effet peut être posé, et ces mêmes <causes> n'étant pas

positis non potest poni naturaliter, et a nullo alio dependet, sicut frequenter <258> dictum est. Sed illa cognitio qua evidenter assentio huic complexo «hoc corpus est album», cuius extrema cognosco intuitive, non potest esse naturaliter nisi stante utraque cognitione. Quia si res sit absens et cognitio intuitiva corrumpatur, intellectus non assentit evidenter quod illud corpus quod prius vidit sit album, quia ignorat utrum sit vel non. Sed respectu cognitionis apprehensivae, per quam formo complexum, non est cognitio intuitiva – nec sensitiva nec intellectiva – causa partialis, quia sine ipsis potest formari omne complexum quod potest formari cum ipsis, quia ita in absentia sicut in praesentia.

Sic igitur patet quod per cognitionem intuitivam iudicamus rem esse quando est, et hoc generaliter sive intuitiva cognitio naturaliter causetur sive supernaturaliter a solo Deo. Nam si naturaliter causetur, tunc non potest esse nisi obiectum exsistat praesens in debita approximatione; quia tanta potest esse distantia inter obiectum et potentiam quod naturaliter non potest potentia tale obiectum intueri. Et quando obiectum est sic praesens tali modo approximatum, potest intellectus per actum assentiendi iudicare rem esse, modo praedicto. Si autem sit supernaturalis, puta si Deus causaret in me cognitionem intuitivam de aliquo obiecto exsistente Romae, statim habita cognitione eius intuitiva possum

posées, <l'effet> ne peut pas être posé naturellement, et il ne dépend d'aucune autre <chose>, comme il a été dit fréquemment. <258> Mais cette connaissance, par laquelle je donne avec évidence mon assentiment à ce complexe <propositionnel> : « ce corps est blanc », dont je connais intuitivement les extrêmes, ne peut exister naturellement que lorsque l'une et l'autre connaissances ont lieu, parce que si la chose est absente et la connaissance intuitive est détruite, l'intellect ne donne pas avec évidence son assentiment <à la proposition affirmant> que ce corps qu'il a vu auparavant est blanc, car il ne sait pas si celui-ci existe ou non. Mais au regard de la connaissance appréhensive, par laquelle je forme un complexe <propositionnel>, les connaissances intuitives, sensitive et intellective, ne sont pas une cause partielle, parce qu'on peut former sans elles tout complexe <propositionnel> qu'on peut former avec elles, car tout comme <on peut former un complexe propositionnel> en leur présence, de même <on peut former un complexe propositionnel> en leur absence.

Ainsi, il est donc manifeste que par la connaissance intuitive nous jugeons qu'une chose existe, quand elle existe, et ce de manière générale, que la connaissance intuitive soit naturellement causée ou surnaturellement <causée> par Dieu seul. Si elle est naturellement causée, alors elle ne peut exister que si l'objet est présent à une distance appropriée, car la distance entre l'objet et la puissance <cognitive> peut être tellement grande que la puissance ne puisse pas naturellement intuitionner cet objet. Et quand l'objet est ainsi présent <et> approché de façon <appropriée>, l'intellect peut, par l'acte de donner assentiment, juger que la chose existe, de la façon susmentionnée. Mais si <la connaissance intuitive> est surnaturelle, par exemple si Dieu causait en moi la connaissance intuitive d'un objet qui existe à Rome, aussitôt, lorsque je possède la connaissance intuitive de cet <objet>, je peux

iudicare quod illud quod intueor et video est, ita bene sicut si illa cognitio haberetur naturaliter.

<259> Si dicas quod obiectum non est hic praesens, nec debito modo approximatum, respondeo : licet cognitio iutuitiva non possit naturaliter causari nisi quando obiectum est praesens in determinata distantia, tamen supernaturaliter potest. Et ideo differentiae quas dat Ioannes inter cognitionem intuitivam et abstractivam, quod « cognitio intuitiva est praesentis et exsistentis ut praesens et exsistens est », intelligitur de cognitione intuitiva naturaliter causata, non autem quando supernaturaliter. Unde absolute loquendo non requiritur necessario ad cognitionem intuitivam alia praesentia nisi quod possit actum intuitivum terminare. Et cum hoc stat quod obiectum sit nihil, vel quod sit distans per maximam distantiam. Et quantumcumque distet obiectum cognitum intuitive, statim virtute eius possum iudicare illud esse si sit, modo praedicto. Sed tamen quia cognitio intuitiva naturaliter non causatur nec conservatur nisi obiectum sit debito modo approximatum, in certa distantia exsistens, ideo non possum iudicare illud quod cognoscitur naturaliter intuitive nisi obiectum sit praesens.

Eodem modo per cognitionem intuitivam possum iudicare rem non esse quando non est. Sed ista cognitio non potest esse naturalis, quia talis cognitio nunquam est, nec conservatur naturaliter, nisi obiecto praesente et exsistente. Ideo ista cognitio intuitiva naturalis corrumpitur per absentiam obiecti. Et posito quod maneat post corrup-

juger que cet <objet>, que j'intuitionne et je vois, existe, aussi bien que si cette connaissance était possédée naturellement.

<259> Si tu dis que l'objet n'est pas ici présent, ni approché de façon appropriée, je réponds : bien que la connaissance intuitive ne puisse être naturellement causée que lorsque l'objet est présent à une distance déterminée, cependant elle peut de manière surnaturelle <être causée lorsque l'objet n'est pas présent à une distance déterminée>. Et c'est pourquoi la différence que donne Jean <Duns Scot> entre la connaissance intuitive et la <connaissance> abstractive – <à savoir> que « la connaissance intuitive est <connaissance> de ce qui est présent et existant en tant qu'il est présent et existant » – est comprise de la connaissance intuitive naturellement causée, mais non pas quand <elle est causée> de manière surnaturelle. Par conséquent, en parlant de manière absolue, seule la présence de ce qui peut terminer l'acte intuitif est nécessairement requise pour la connaissance intuitive. Et cela est compatible avec <le fait> que l'objet ne soit rien ou qu'il soit distant par une très grande distance. Et aussi distant que soit l'objet connu intuitivement, aussitôt, en vertu de cette <connaissance intuitive>, je peux juger que cet <objet> existe, s'il existe, de la façon susmentionnée. Mais cependant, parce que la connaissance intuitive n'est causée et n'est conservée naturellement que si l'objet est approché de façon appropriée, existant à une distance déterminée, je ne peux juger de ce qui est intuitivement connu de manière naturelle que si l'objet est présent.

De la même façon, par la connaissance intuitive je peux juger qu'une chose n'existe pas, quand elle n'existe pas. Mais cette connaissance ne peut pas être naturelle, car une connaissance telle <que l'intuitive> n'existe et n'est conservée naturellement que lorsque l'objet est présent et existant. C'est pourquoi cette connaissance intuitive naturelle est détruite par l'absence de l'objet. Et supposé qu'elle demeure après la

tionem obiecti, tunc est supernaturalis quantum <260> ad
conservationem licet non quantum ad causationem. Ideo
oportet quod cognitio intuitiva qua cognosco rem non esse
quando non est sit supernaturalis quantum ad causationem vel
conservationem vel quantum ad utramque. Puta, si Deus
causet in me cognitionem intuitivam de aliquo obiecto non
exsistente et conservet illam cognitionem in me, possum ego
mediante illa cognitione iudicare rem non esse, quia videndo
illam rem intuitive et formato hoc complexo « hoc obiectum
non est », statim intellectus virtute cognitionis intuitivae
assentit huic complexo et dissentit suo opposito, ita quod illa
cognitio intuitiva est causa partialis illius assensus, sicut prius
dictum est de intuitione naturali. Et sic per consequens
intellectus assentit quod illud quod intueor est purum nihil.
Quantum ad conservationem supernaturalem et non causationem exemplum est : si primo de aliquo obiecto causetur
cognitio intuitiva naturaliter, et post ipso obiecto destructo
Deus conservet cognitionem intuitivam prius causatam, tunc
est cognitio naturalis quantum ad causationem et supernaturalis quantum ad conservationem. – Tunc est idem dicendum
hic per omnia sicut si illa cognitio esset supernaturaliter
causata. Quia per illam possum iudicare rem esse quando est,
quantumcumque distet obiectum cognitum, et non esse
quando non est, posito quod obiectum corrumpatur. – Et sic
potest concedi aliquo modo quod per cognitionem naturalem
intuitivam iudico rem non esse quando non est, quia

destruction de l'objet, alors elle est surnaturelle quant <260> à sa conservation, bien qu'<elle> ne <le soit> pas quant au fait d'être causé. C'est pourquoi il faut que la connaissance intuitive, par laquelle je sais qu'une chose n'existe pas, quand elle n'existe pas, soit surnaturelle quant au fait d'être causé ou <quant à> sa conservation ou quant à l'un et l'autre. Par exemple, si Dieu cause en moi la connaissance intuitive d'un objet qui n'existe pas et conserve cette connaissance en moi, je peux, par la médiation de cette connaissance, juger que la chose n'existe pas, parce que, voyant cette chose intuitivement et formant ce complexe <propositionnel> : « cet objet n'existe pas », aussitôt mon intellect, en vertu de la connaissance intuitive, donne son assentiment à ce complexe <propositionnel> et refuse son assentiment à son opposé, de sorte que cette connaissance intuitive est cause partielle de cet assentiment, comme il a été dit auparavant de l'intuition naturelle : par conséquent, mon intellect donne son assentiment <à la proposition affirmant> que cet <objet> que j'intuitionne est un pur rien. Quant à la conservation surnaturelle, et non le fait d'être causé, l'exemple est <le suivant> : si d'abord une connaissance intuitive d'un objet est naturellement causée et ensuite, cet objet ayant été détruit, Dieu conserve cette connaissance intuitive causée auparavant, alors la connaissance est naturelle quant au fait d'être causé et surnaturelle quant à sa conservation. Dans ce cas, on doit dire exactement la même <chose> que si cette connaissance était causée de manière surnaturelle, car par cette <connaissance> je peux juger que la chose existe, quand elle existe, aussi distant que soit l'objet connu, et qu'elle n'existe pas, quand elle n'existe pas, supposé que l'objet soit détruit. Et ainsi on peut concéder, d'une certaine façon, que

per cognitionem naturaliter causatam licet supernaturaliter conservatam.

<261> Sic igitur patet quod cognitio intuitiva est illa per quam cognosco rem esse quando est, et non esse quando non est. Sed cognitio abstractiva est illa per quam non iudicamus rem quando est esse et quando non est non esse, et hoc sive sit naturalis sive supernaturalis.

De cognitione intuitiva perfecta et imperfecta

Sed intuitiva subdividitur, quia quaedam est perfecta, quaedam imperfecta. Perfecta cognitio intuitiva est illa de qua dictum est quod est cognitio experimentalis qua cognosco rem esse etc. Et illa cognitio est causa propositionis universalis quae est principium artis et scientiae, I *Metaphysicae*[1] et II *Posteriorum*[2], id est, est causa assensus propositionis universalis formatae stante cognitione intuitiva perfecta. Cognitio autem intuitiva imperfecta est illa per quam iudicamus rem aliquando fuisse vel non fuisse. Et haec dicitur cognitio recordativa; ut quando video aliquam rem intuitive, generatur habitus inclinans ad cognitionem abstractivam, mediante qua iudico et assentio quod talis res aliquando fuit quia aliquando vidi eam.

---

1. Aristote, *Metaphysica*, I, 1 (980 b 25-981a 16).
2. Aristote, *Analytica Posteriora*, II, 19 (100 a 3-9).

par une connaissance intuitive naturelle je juge qu'une chose n'existe pas, quand elle n'existe pas, car <je juge> par une connaissance causée de manière naturelle, bien que conservée de manière surnaturelle.

<261> Ainsi, il est donc manifeste que la connaissance intuitive est celle par laquelle je sais qu'une chose existe, quand elle existe, et qu'elle n'existe pas, quand elle n'existe pas. Mais la connaissance abstractive est celle par laquelle nous ne jugeons pas qu'une chose existe, quand elle existe, et qu'elle n'existe pas, quand elle n'existe pas, et ce, que <cette connaissance> soit naturelle ou surnaturelle.

<Au sujet des connaissances intuitives parfaite et imparfaite>

Mais <la connaissance> intuitive se subdivise, parce qu'une certaine <connaissance intuitive> est parfaite, une certaine <autre connaissance intuitive est> imparfaite. La connaissance intuitive parfaite est celle dont il a été dit qu'il y a une connaissance expérimentale par laquelle je sais qu'une chose existe, etc. Et cette connaissance est la cause de la proposition universelle qui est le principe de l'art et de la science, <selon> le premier <livre> de la *Métaphysique* et le second <livre> des <*Analytiques*> *Seconds*, c'est-à-dire, <cette connaissance> est la cause de l'assentiment à la proposition universelle qui est formée lorsqu'il y a une connaissance intuitive parfaite. Quant à la connaissance intuitive imparfaite, elle est celle par laquelle nous jugeons qu'une chose a existé ou n'a pas existé à un certain moment. Et cette connaissance est dite recordative : comme lorsque je vois intuitivement une chose, un habitus est engendré qui incline à la connaissance abstractive par la médiation de laquelle je juge et je donne mon assentiment <à la proposition affirmant> que cette chose a existé à un certain moment, parce que je l'ai vue à un certain moment.

Et est hic notandum quod stante cognitione intuitiva alicuius rei, habeo simul et semel cognitionem abstractivam eiusdem rei. Et illa cognitio abstractiva est causa partialis concurrens cum intellectu ad generandum habitum inclinantem ad cognitionem <262> intuitivam imperfectam per quam iudico rem aliquando fuisse. Cuius ratio est quia habitus semper generatur ex actibus inclinantibus ad consimiles actus eiusdem speciei. Sed huiusmodi non est cognitio intuitiva, quia intuitiva perfecta et imperfecta sunt cognitiones alterius rationis, quia cognitio intuitiva imperfecta est simpliciter cognitio abstractiva. Nunc autem intuitiva perfecta et abstractiva sunt alterius rationis, igitur etc. Si igitur ex cognitione intuitiva perfecta generatur habitus aliquis, ille solum inclinabit ad cognitionem intuitivam perfectam et non ad imperfectam, quia sunt alterius rationis. Igitur si habitus inclinans ad cognitionem intuitivam imperfectam generatur ex aliquo actu cognitivo, illa cognitio erit abstractiva, et illa erit simul cum cognitione intuitiva perfecta. Quia statim post cognitionem intuitivam perfectam, sive obiectum destruatur sive fiat absens, potest intellectus eandem rem, quam prius vidit intuitive, considerare et formare hoc complexum « haec res aliquando fuit », et assentire evidenter, sicut quilibet experitur in se ipso.

Igitur oportet ponere aliquem habitum inclinantem ad istum actum, quia ex quo intellectus potest modo prompte elicere istum actum post cognitionem intuitivam, et ante non potuit, igitur nunc est aliquid inclinans intellectum ad istum actum quod prius non fuit. Illud autem vocamus habitum. Sed

Et il faut noter ici que, lorsqu'il y a connaissance intuitive d'une chose, j'ai à la fois et aussitôt une connaissance abstractive de cette même chose. Et cette connaissance abstractive est la cause partielle qui concourt avec l'intellect pour engendrer un habitus qui incline à la connaissance <262> intuitive imparfaite par laquelle je juge qu'une chose a existé à un certain moment. La raison en est qu'un habitus est toujours engendré à partir d'actes qui inclinent à des actes semblables de même espèce. Mais il n'en est pas ainsi pour la connaissance intuitive, parce que l'intuitive parfaite et <l'intuitive> imparfaite sont des connaissances de nature différente, car la connaissance intuitive imparfaite est absolument une connaissance abstractive ; or, l'intuitive parfaite et l'abstractive sont de nature différente : donc, etc. Si donc un habitus est engendré à partir d'une connaissance intuitive parfaite, il inclinera seulement à la connaissance intuitive parfaite et non à l'imparfaite, parce qu'elles sont de nature différente. Donc, si l'habitus qui incline à la connaissance intuitive imparfaite est engendré à partir d'un acte cognitif, ce dernier sera abstractif et il aura lieu en même temps que la connaissance intuitive parfaite, car aussitôt après la connaissance intuitive parfaite, que l'objet soit détruit ou qu'il devienne absent, l'intellect peut considérer cette même chose qu'il a auparavant vue intuitivement et former ce complexe <propositionnel> : « cette chose a existé à un certain moment », et lui donner avec évidence son assentiment, comme chacun d'entre nous en fait l'expérience en lui-même.

Il faut donc poser un habitus qui incline à cet acte, parce que l'intellect peut maintenant produire avec facilité cet acte, après <avoir eu> une connaissance intuitive, alors qu'avant il ne le pouvait pas : il y a donc maintenant quelque chose qui incline l'intellect à cet acte, <quelque chose> qui n'était pas là auparavant. Or, nous appelons cela un habitus. Mais cet

iste habitus sic inclinans intellectum non potest causari a cognitione intuitiva perfecta, sicut ostensum est; nec ab aliqua cognitione <263> abstractiva sequente cognitionem intuitivam – quia illa est prima [abstractiva], per positum –, quae [abstractiva] habetur post cognitionem intuitivam. Igitur oportet necessario ponere aliquam cognitionem abstractivam simul cum cognitione intuitiva perfecta exsistente, quae est causa partialis cum intellectu ad generandum istum habitum sic intellectum inclinantem.

Ponendo cognitionem intuitivam habere semper secum necessario cognitionem abstractivam incomplexam, tunc cognitio intuitiva erit causa partialis illius cognitionis abstractivae, et illa abstractiva erit causa partialis respectu habitus inclinantis ad aliam cognitionem abstractivam incomplexam consimilem illi cognitioni ex qua generatur habitus sic inclinans. Et tunc intellectus formato hoc complexo « haec res – cuius est haec cognitio abstractiva incomplexa – fuit » potest virtute illius cognitionis incomplexae evidenter assentire quod haec res fuit. Et sic debet intelligi.

Si dicas quod apprehensis terminis primi principii, et formato complexo, statim intellectus assentit sibi. Nec plus inclinatur intellectus ad assentiendum post multos assensus quam ante omnem assensum, tamen ex illis actibus assentiendi generatur <264> habitus in intellectu, igitur eodem modo potest esse de cognitione intuitiva.

habitus qui incline ainsi l'intellect ne peut pas être causé par une connaissance intuitive parfaite, comme il a été montré, ni par une connaissance <263> abstractive qui suit la connaissance intuitive – parce que cette <connaissance qui doit causer l'habitus> est première, en vertu de ce qui a été posé –, laquelle <abstractive> est possédée après la connaissance intuitive. Il faut donc nécessairement poser une connaissance abstractive qui a lieu en même temps que la connaissance intuitive parfaite, laquelle <abstractive> est une cause partielle, avec l'intellect, pour engendrer cet habitus qui incline ainsi l'intellect.

Si l'on pose que la connaissance intuitive a toujours nécessairement avec elle une connaissance abstractive incomplexe, alors la connaissance intuitive sera cause partielle de cette connaissance abstractive, et cette abstractive sera cause partielle au regard de l'habitus qui incline à l'autre connaissance abstractive incomplexe semblable à cette connaissance à partir de laquelle est engendré l'habitus qui incline. Et alors l'intellect, lorsque est formé ce complexe <propositionnel> : « cette chose – dont il y a connaissance abstractive incomplexe – a existé », <l'intellect donc> peut, en vertu de cette connaissance incomplexe, donner avec évidence son assentiment <à la proposition affirmant> que cette chose a existé. Et c'est ainsi que l'on doit comprendre <cette matière>.

Si tu dis : lorsque les termes d'un premier principe sont appréhendés et le complexe <propositionnel> est formé, aussitôt l'intellect lui donne son assentiment. Et l'intellect n'est pas plus incliné à donner son assentiment après plusieurs assentiments qu'avant tout assentiment ; cependant, à partir de ces actes de donner assentiment, <264> un habitus est engendré dans l'intellect : il peut donc en être de la même façon pour la connaissance intuitive.

Respondeo: licet ille habitus non ponatur propter inclinationem nec propter experientiam, tamen ponitur propter rationem evidenter inducentem ad hoc. Sed in cognitione intuitiva nec inducit experimentum nec ratio evidens ad ponendum ibi habitum, igitur etc. Vel potest dici quod oportet ponere habitum generatum ex illis actibus propter experientiam, scilicet quia quilibet experitur quod magis et firmius inclinatur ad assentiendum post habitum quam ante.

Si dicas quod ex cognitione intuitiva perfecta frequenter elicita potest generari habitus sicut ex cognitione abstractiva frequenter elicita, igitur non oportet ponere cognitionem abstractivam cum intuitiva, respondeo quod ex nulla cognitione intuitiva sensitiva vel intellectiva generari potest habitus. Quia si sic, aut ille habitus inclinat ad cognitionem abstractivam aut intuitivam. Non abstractivam, propter causam iam dictam, quia sunt alterius speciei. Nec intuitivam, quia nullus experitur quod magis inclinatur ad cognitionem intuitivam post talem cognitionem frequenter habitam quam ante omnem cognitionem intuitivam. Quia sicut prima cognitio intuitiva non potest naturaliter causari sine exsistentia obiecti et praesentia, ita nec quaecumque alia, nec plus inclinatur ex tali cognitione frequenti quam in principio.

Sed de cognitione abstractiva aliud est, quia post primam cognitionem intuitivam habitam experitur quis quod magis <265> inclinatur ad intelligendum illam rem quam prius vidit

Je réponds : bien que cet habitus ne soit pas posé en raison de l'inclination ni en raison de l'expérience, il est cependant posé en vertu d'une raison qui conduit avec évidence à cette <position> ; or, pour la connaissance intuitive, ni l'expérience, ni une raison évidente ne conduit dans ce cas à poser un habitus : donc, etc. Ou bien on peut dire que c'est en raison de l'expérience qu'il faut poser un habitus engendré à partir de ces actes <de donner assentiment à un premier principe>, parce que chacun d'entre nous fait l'expérience qu'il est davantage et plus fermement incliné à donner son assentiment après un habitus qu'avant.

Si tu dis : à partir d'une connaissance intuitive parfaite fréquemment produite, un habitus peut être engendré, tout comme à partir d'une connaissance abstractive fréquemment produite : il ne faut donc pas poser une connaissance abstractive avec l'intuitive. Je réponds : aucun habitus ne peut être engendré à partir d'une connaissance intuitive, sensitive ou intellective, car s'il en était ainsi, cet habitus inclinerait soit à une connaissance abstractive, soit à une <connaissance> intuitive. Pas à une abstractive, pour la raison déjà invoquée, parce que <ces connaissances> sont d'espèce différente. Ni à une intuitive, parce que personne ne fait l'expérience qu'il est davantage incliné à une connaissance intuitive après avoir eu fréquemment une telle connaissance qu'avant toute connaissance intuitive, car tout comme la première connaissance intuitive ne peut pas être naturellement causée sans l'existence et la présence de l'objet, de même aucune autre <connaissance intuitive ne le peut>, et on n'est pas plus incliné à partir d'une telle connaissance fréquemment produite qu'au tout début.

Mais il en est autrement pour la connaissance abstractive, car après avoir eu une première connaissance intuitive, chacun d'entre nous fait l'expérience qu'il est davantage <265> incliné à intelliger cette chose qu'il a vue auparavant qu'avant

quam ante omnem cognitionem intuitivam. Sed hoc non potest esse per habitum generatum ex cognitione intuitiva, ut probatum est, igitur generatur ex cognitione abstractiva simul exsistente cum cognitione intuitiva. Et respectu illius cognitionis est cognitio intuitiva causa partialis, licet non respectu habitus generati per talem cognitionem abstractivam.

Aliter potest dici quod habitus generatur ex cognitione intuitiva sicut ex causa partiali et negari illa cognitio abstractiva quae simul ponitur cum intuitiva. Tum quia nullus experitur quod simul et semel cognoscat eandem rem intuitive et abstractive, et hoc loquendo de cognitione abstractiva rei in se, immo potius experitur homo oppositum, maxime cum illae cognitiones habeant aliquas condiciones oppositas. Tum quia omnis cognitio abstractiva potest manere destructa intuitiva; ista autem quae ponitur non potest manere, quia tunc per eam iudicaret intellectus quod illa res, cuius est illa cognitio, aliquando fuit. Et sic ipsa esset cognitio intuitiva imperfecta ad quam ponitur habitus generatus ex cognitione abstractiva manente cum intuitiva perfecta inclinans. Igitur, ut videtur, cum

toute connaissance intuitive ; or, cela ne peut pas être par un habitus engendré à partir d'une connaissance intuitive, comme il a été prouvé : donc, <l'habitus> est engendré à partir d'une connaissance abstractive qui existe en même temps que la connaissance intuitive. Et au regard de cette connaissance <abstractive>, la connaissance intuitive est cause partielle, bien qu'<elle> ne <le soit> pas au regard de l'habitus engendré par cette connaissance abstractive.

Autrement, on peut dire que l'habitus est engendré à partir d'une connaissance intuitive comme à partir d'une cause partielle et nier cette connaissance abstractive qui est posée en même temps que l'intuitive. D'une part, parce que personne ne fait l'expérience qu'au même moment et du même coup il connaît une même chose intuitivement et abstractivement – et ce, s'agissant de la connaissance abstractive d'une chose en soi [1] –, mais l'homme fait plutôt l'expérience de l'opposé, puisque précisément ces connaissances ont des conditions opposées. D'autre part, parce que toute connaissance abstractive peut demeurer une fois l'intuitive détruite ; or, cette <connaissance abstractive> qui est posée <en même temps que l'intuitive> ne peut pas demeurer, car si c'était le cas, l'intellect jugerait par elle que cette chose, dont elle est la connaissance, a existé à un certain moment, et ainsi, cette <connaissance abstractive> elle-même serait la connaissance intuitive imparfaite pour laquelle est posé l'habitus inclinant qui est engendré à partir de la connaissance abstractive qui a lieu avec l'intuitive parfaite : donc, comme on le voit, avec la

---

1. Une chose est connue en soi (*in se*) lorsqu'elle est l'objet d'une connaissance propre, c'est-à-dire lorsqu'elle est connue distinctement en particulier, par opposition à une connaissance commune ou générale, c'est-à-dire une connaissance en laquelle plusieurs choses singulières sont indifféremment et confusément appréhendées.

cognitione intuitiva perfecta non manet cognitio abstractiva eiusdem rei, sed ex cognitione intuitiva frequentata generatur habitus inclinans ad cognitionem abstractivam sive intuitivam imperfectam.

Si dicas quod habitus, secundum Philosophum, II *Ethicorum*[1], inclinat ad actus consimiles ex quibus generatur, <266> et non ad actus alterius rationis, sicut est in proposito de cognitione intuitiva et abstractiva, respondeo : verum est generaliter quando habitus non generatur ex cognitione intuitiva tanquam ex causa partiali. Sed quando cognitio intuitiva est causa partialis, sicut est in proposito, tunc non est verum. Minus enim inconveniens apparet quod habitus inclinans ad cognitionem abstractivam generetur ex cognitione intuitiva tanquam ex causa partiali quam quod cum intuitiva maneat semper cognitio abstractiva generativa habitus, cum tamen experientia non sit ad hoc, sed potius ad oppositum.

Ex dictis apparet differentia inter cognitionem intuitivam perfectam et imperfectam : quia prima non est nec esse potest naturaliter nisi obiectum exsistat, secunda potest esse etsi obiectum destruatur.

Si dicas quod cognitio intuitiva imperfecta est simpliciter abstractiva quia abstrahit ab exsistentia rei, igitur non est intuitiva, respondeo : pro tanto dicitur intuitiva quia mediante ea potest intellectus assentire alicui complexo quod concernit differentiam temporis, puta quod « hoc fuit », sicut per intui-

1. Aristote, *Ethica Nicomachea*, II, 1 (1103 a 14-1103 b 25).

connaissance intuitive parfaite n'a pas lieu une connaissance abstractive de la même chose, mais à partir d'une connaissance intuitive fréquemment produite est engendré un habitus qui incline à la connaissance abstractive ou intuitive imparfaite.

Si tu dis qu'un habitus, selon le Philosophe, au deuxième <livre> des *Éthiques*, incline à des actes semblables <à ceux> à partir desquels il est engendré, <266> et non pas à des actes de nature différente, comme c'est le cas pour ce qui est ici proposé au sujet des connaissances intuitive et abstractive, je réponds : cela est vrai en général quand l'habitus n'est pas engendré à partir d'une connaissance intuitive comme à partir d'une cause partielle. Mais quand la connaissance intuitive est cause partielle, comme c'est le cas pour ce qui est ici proposé, alors cela n'est pas vrai. En effet, que l'habitus inclinant à la connaissance abstractive soit engendré à partir d'une connaissance intuitive, comme à partir d'une cause partielle, apparaît moins inconvenant que <de supposer> qu'une connaissance abstractive générative d'un habitus a toujours lieu avec l'intuitive, puisqu'il n'y a pas d'expérience en ce sens, mais plutôt en sens opposé.

À partir de ce qui a été dit, apparaît la différence entre la connaissance intuitive parfaite et <la connaissance intuitive> imparfaite : la première n'existe et ne peut exister naturellement que si l'objet existe ; la seconde peut exister même si l'objet est détruit.

Si tu dis que la connaissance intuitive imparfaite est absolument abstractive, parce qu'elle abstrait de l'existence de la chose, elle n'est donc pas intuitive, je réponds : elle est tout aussi bien dite intuitive, car, par sa médiation, l'intellect peut donner son assentiment à un complexe <propositionnel> qui concerne une modalité temporelle, par exemple <la proposition affirmant> que cette <chose> a existé, tout comme par une

tivam perfectam potest iudicare quod « hoc est ». Sed aliquam cognitionem est dare in intellectu per quam vel mediante qua intellectus nec assentit quod illud obiectum est nec fuit, immo utrumque ignorat. Puta si Deus causaret in me cognitionem abstractivam alicuius rei singularis quam numquam vidi, mediante illa nec iudicarem quod illa res est nec fuit. Similiter quando intelligo aliquod singulare – quod nunquam vidi – in conceptu communi sibi et aliis, tunc habeo de illo singulari cognitionem abstractivam, <267> licet non in se, tamen in aliquo conceptu communi, et tamen per illam nec iudico quod praedictum singulare est vel fuit nec horum opposita.

Similiter forte cognitio illa abstractiva quae ponitur simul cum intuitiva est talis quod nec mediante illa iudico rem esse vel fuisse nec horum opposita. Ideo licet illa cognitio per quam iudico rem aliquando fuisse sit simpliciter abstractiva, quia tamen mediante ea assentio et iudico rem aliquando fuisse et non mediantibus aliis duabus cognitionibus, ideo respectu earum potest dici cognitio intuitiva, imperfecta tamen.

Responsio ad primam quaestionem

<276> His visis dico ad primam quaestionem, loquendo de cognitione intuitiva naturali, quod angelus,

intuitive parfaite <l'intellect> peut juger que cette <chose> existe. Mais une connaissance doit être posée dans l'intellect par laquelle ou par la médiation de laquelle l'intellect ne donne son assentiment ni <à la proposition affirmant> que cet objet existe, ni <à celle affirmant que cet objet> a existé, mais au contraire <l'intellect> les ignore toutes deux. Par exemple, si Dieu causait en moi une connaissance abstractive d'une chose singulière que je n'ai jamais vue, par la médiation de cette <connaissance> je ne jugerais ni que cette chose existe ni qu'elle a existé. Pareillement, quand j'intellige un singulier – que je n'ai jamais vu – dans un concept commun à lui et à d'autres <choses>, alors j'ai une connaissance abstractive de ce singulier, <267> bien que <je ne le connaisse> pas en soi mais dans un concept commun, et cependant par cette <connaissance abstractive> je ne juge pas que ce singulier existe ou qu'il a existé, ni <ne juge des propositions qui sont> les opposés de ces <jugements>.

Pareillement, peut-être que cette connaissance abstractive qui est posée en même temps que l'intuitive est telle que par sa médiation je ne juge ni qu'une chose existe ou qu'elle a existé, ni <ne juge des propositions qui sont> les opposés de ces <jugements>. C'est pourquoi, bien que cette connaissance, par laquelle je juge qu'une chose a existé à un certain moment, soit absolument abstractive, cependant, puisque par sa médiation je donne mon assentiment et je juge qu'une chose a existé à un certain moment, et non par la médiation des deux autres connaissances, relativement à celles-ci elle peut être dite connaissance intuitive, imparfaite cependant.

<Réponse à la première question>

<276> Ceci ayant été vu, concernant la première question, je dis, s'agissant de la connaissance intuitive naturelle, que

et intellectus noster, intelligit alia a se non per species eorum nec per essentiam propriam, sed per essentias rerum intellectarum. Et hoc prout ly per dicit circumstantiam causae efficientis, ita quod ratio intelligendi, ut distinguitur a potentia, est ipsa essentia rei cognitae. Quod probatur : quia illud quo posito potest aliud poni, circumscripto quocumque alio, et quo non posito non potest aliud poni naturaliter, est causa illius. Sed posita ipsa re praesente et intellectu angelico sive nostro sine omni alio praevio, sive habitu sive specie, potest intellectus illam rem intuitive cognoscere. Igitur talis res est causa illius cognitionis. Sed non potest esse nisi causa efficens, igitur etc.

<277> Loquendo vero de notitia abstractiva, tunc aut loquimur de illa quae semper consequitur intuitivam aut de illa quae habetur post corruptionem intuitivae. Si primo modo, sic ad illam requiritur obiectum et intellectus et cognitio intuitiva tanquam causae partiales. Quod probatur sicut prius : quia «illud quo posito» etc. Si secundo modo loquamur, sic ad illam requiritur intellectus et habitus generatus ex cognitione abstractiva elicita simul cum intuitiva. Et non requiritur obiectum in ista secunda cognitione abstractiva tanquam causa partialis, quia illa potest haberi etsi obiectum adnihiletur. Et est utraque istarum notitiarum abstractivarum

l'ange et notre intellect intelligent les autres <choses> qu'eux
non par les espèces de ces <choses> ni par leur propre essence,
mais par les essences des choses intelligées et ce, selon que le
<terme> « par » désigne précisément une cause efficiente, de
sorte que la cause de l'acte d'intellection, en tant qu'elle se
distingue de la puissance <cognitive>, est l'essence même de
la chose connue. Ce que l'on prouve <ainsi> : ce qui, étant
posé, <fait en sorte qu'une> autre <chose> peut être posée,
abstraction faite de toute autre <chose>, et qui, n'étant pas
posé, <fait en sorte que> l'autre <chose> ne peut pas être
posée naturellement, cela est cause de cette <autre chose> ; or,
la chose présente et l'intellect angélique ou notre <intellect>
étant posés, sans aucune autre <chose> préalable, que ce soit
un habitus ou une espèce, l'intellect peut connaître intuitivement cette chose : donc, la chose est la cause de la connaissance <intuitive> ; mais <la chose> ne peut être qu'une cause
efficiente : donc, etc.

<277> Mais s'agissant de la connaissance abstractive,
alors soit nous parlons de celle qui toujours accompagne
l'intuitive, soit de celle que l'on a après la destruction de
l'intuitive. Dans le premier cas, l'objet, l'intellect et la
connaissance intuitive sont requis comme causes partielles
pour cette <connaissance abstractive>. Ce que l'on prouve
comme auparavant : ce qui, étant posé, <<fait en sorte qu'une>
autre <chose> peut être posée>, etc. Si nous parlons du
deuxième cas, alors l'intellect et l'habitus qui est engendré à
partir de la connaissance abstractive produite en même temps
que l'intuitive sont requis <comme causes partielles> pour
cette <connaissance abstractive>, mais l'objet n'est pas requis
comme cause partielle pour cette seconde connaissance
abstractive, parce que l'on peut avoir celle-ci même si l'objet
est détruit. Et l'une et l'autre de ces connaissances abstractives

incomplexa. Et ista secunda est causa partialis notitiae complexae qua iudico quod res aliquando fuit.

Dubia circa responsionem

<281> Contra ista sunt multa dubia. Primo videtur quod intellectus non potest habere notitiam intuitivam respectu singularis, quia intellectus abstrahit a condicionibus materialibus, puta ab esse hic et nunc. Sed nec singulare nec cognitio intuitiva abstrahunt a condicionibus praedictis, igitur etc.

Item, illud quod ponit intellectum in errore non debet poni in intellectu; sed notitia intuitiva est huiusmodi. Patet, [quia] si destruatur res et maneat cognitio intuitiva, tunc per illam iudico rem esse quando non est, igitur etc.

Item, quod singulare non intelligitur intuitive nec abstractive probatur, quia quando aliqua sunt simillima, quidquid est <282> similitudo unius et alterius. Exemplum : si accipiantur multae albedines in eodem gradu, quidquid est simile uni et alteri. Sed intellectio est similitudo obiecti, et per hoc intellectus intelligit per quod assimilatur obiecto. Hoc autem est per intellectionem, non per species secundum praedicta. Si igitur accipiantur multa individua simillima, – puta multi angeli in eadem specie vel animae intellectivae –, qua ratione intellectio per quam intelligo unum est similitudo unius, et omnium aliorum simillimorum, ex

sont incomplexes. Et la seconde est cause partielle de la connaissance complexe par laquelle je juge qu'une chose a existé à un certain moment.

<*Doutes au sujet de la réponse*>

<281> Contre ces <propos>, il y a de nombreux doutes. Premièrement, il semble que l'intellect ne puisse pas avoir une connaissance intuitive au regard du singulier, parce que l'intellect abstrait des conditions matérielles, par exemple de l'être ici et maintenant; or, ni le singulier ni la connaissance intuitive n'abstraient de ces conditions : donc, etc.

De même, ce qui induit l'intellect en erreur ne doit pas être posé dans l'intellect; or, la connaissance intuitive est de ce genre – cela est manifeste <car> si la chose est détruite et la connaissance intuitive demeure, alors par celle-ci je juge que la chose existe, quand elle n'existe pas : donc, etc.

De même, que le singulier n'est intelligé ni intuitivement ni abstractivement, on le prouve <de la manière suivante> : quand des <choses> sont maximalement semblables, tout ce qui est <282> similitude de l'une <est similitude> de l'autre. Exemple : si plusieurs blancheurs d'un même degré sont appréhendées, tout ce qui est semblable à l'une <est semblable> à l'autre. Mais l'intellection est une similitude de l'objet et l'intellect intellige par ce qui le fait semblable à l'objet. Or, cela se produit par une intellection, non par des espèces, selon ce qui a été dit auparavant. Si donc plusieurs individus maximalement semblables sont appréhendés – par exemple, plusieurs anges d'une même espèce ou <plusieurs> âmes intellectives –, la raison pour laquelle l'intellection, par laquelle j'intellige un <individu>, est la similitude d'un <individu>, <fait en sorte que cette même intellection est également similitude> de tous

quo sunt simillima. Igitur per talem intellectionem vel intelligo quodlibet singulare vel nullum, loquendo semper de simillimis. Sed non quodlibet, patet de se, igitur nullum intelligitur in se, nec intuitive nec abstractive.

Item, contra hoc quod dicitur de cognitione intuitiva perfecta et imperfecta. Quia secundum illud videtur quod nulla sit cognitio abstractiva simpliciter in intellectu, quia nulla est quin per eam possim intelligere quod res aliquando fuit.

Solutio dubiorum

<284> Ad primum istorum dico quod intellectus primo intelligit singulare intuitive. Tum quia intellectus intelligit illud quod est in re intuitive; sed nihil est tale nisi singulare. Tum quia hoc convenit potentiae inferiori, puta sensui, et est perfectionis; igitur etc.

Item, illud quod cognoscit aliquid ut est hic et in hoc situ, in hoc et in hoc « nunc » et sic de aliis circumstantiis, perfectius cognoscit et est perfectioris naturae quam illud quod non sic cognoscit. Si igitur sensus sic cognoscat et intellectus non, intellectus esset imperfectior sensu. Ideo dico quod intellectus cognoscit intuitive singulare ut hic et nunc et secundum omnes condiciones secundum quas cognoscit sensus et etiam secundum plures. Unde angelus et homo

les autres <individus> maximalement semblables, parce qu'ils sont maximalement semblables. Donc, par une telle intellection ou bien j'intellige un singulier en particulier ou bien aucun, s'agissant toujours de <choses> maximalement semblables; or, <je n'intellige> pas un <singulier> en particulier, cela est manifeste de soi : donc, aucun <singulier> n'est intelligé en soi, ni intuitivement ni abstractivement.

De même, <il y a un doute> contre ce qui est dit au sujet des connaissances intuitives parfaite et imparfaite. Parce que, selon ce <qui est dit>, il semble qu'il n'y ait aucune connaissance absolument abstractive dans l'intellect, car il n'y en a aucune par laquelle je ne puisse intelliger qu'une chose a existé à un certain moment.

<Solution des doutes>

<284> Au premier de ces <doutes>, je dis que l'intellect en premier intellige intuitivement le singulier. D'une part, parce que l'intellect intellige intuitivement ce qui existe dans la réalité; or, rien n'existe, sinon le singulier. D'autre part, parce que cela convient à une puissance inférieure, à savoir au sens, et relève d'une perfection : donc, etc.

De même, ce qui connaît quelque chose en tant qu'il existe ici et dans cette position, en ceci et en cela, maintenant, et ainsi de suite pour les autres circonstances, connaît plus parfaitement et est d'une nature plus parfaite que ce qui ne connaît pas de cette manière. Si donc le sens connaît de cette manière mais pas l'intellect, l'intellect est plus imparfait que le sens. C'est pourquoi je dis que l'intellect connaît intuitivement le singulier en tant <qu'il existe> ici et maintenant et selon toutes les conditions selon lesquelles le sens connaît, et même selon un plus grand nombre. Par conséquent, l'ange et l'homme

sciunt perfectius ubi et quando hoc corpus movetur, et sic
de aliis condicionibus materialibus, quam aliqua potentia
sentivia.

Si dicas quod sensus requirit determinatum situm obiecti
secundum lineam rectam et determinatam approximationem,
sed intellectus non, [ergo intellectus non cognoscit singulare],
– contra : per eum sensus potest intuitive cognoscere rem absen-
tem et non exsistentem. Igitur sine contradictione potest res
videri sine situatione, saltem per potentiam divinam, et ita
intellectus potest. Et sicut sensus non potest naturaliter videre
<285> obiectum nisi determinato modo approximatum et
situatum secundum lineam rectam, ita nec intellectus potest
naturaliter intueri rem apprehensam mediante visu, nisi sit
determinato modo – et eodem modo quo sensui – approximata.
Quia naturaliter nihil intuetur intellectus nisi mediante sensu
exsistente in actu suo, sed supernaturaliter potest, et ita sensus.

Ideo dico quod habere cognitionem materialem dupliciter
potest intelligi. Uno modo quod aliquis habeat cognitionem
quae perficit materiam extensive sicut forma materialis. Et
sic sensus habet cognitionem materialem et cognitionem
quae est hic et nunc, quia visio corporalis extenditur in toto
organo sive composito ex materia et forma, et sic habet

savent plus parfaitement qu'une puissance sensitive où et quand tel corps est mû, et ainsi de suite pour les autres conditions matérielles.

Si tu dis que le sens requiert une position déterminée de l'objet selon une ligne droite et une distance déterminée, mais pas l'intellect, <donc l'intellect ne connaît pas le singulier>, <je dis>, en sens contraire, <que>, selon cet <auteur>[1], le sens peut connaître intuitivement une chose absente et non-existante : donc, sans aucune contradiction, une chose peut être vue sans position, du moins par la puissance divine, et, par conséquent, l'intellect le peut. Et tout comme le sens ne peut naturellement voir <285> un objet que s'il est approché d'une manière déterminée et situé selon une ligne droite, de même l'intellect ne peut naturellement intuitionner une chose appréhendée par la médiation de la vue que si elle est approchée d'une manière déterminée, et de la même manière qu'elle l'est pour le sens, parce que, de manière naturelle, l'intellect n'intuitionne rien, si ce n'est par la médiation du sens existant en acte. Mais de manière surnaturelle, <l'intellect> peut <intuitionner une chose qui n'est pas approchée de manière déterminée>, et le sens <le peut> aussi.

C'est pourquoi je dis qu'avoir une connaissance matérielle peut être compris doublement. D'une <première> façon, une <puissance cognitive> a une connaissance qui parfait la matière selon l'étendue, à la manière d'une forme matérielle. Et de cette façon, le sens a une connaissance matérielle et une connaissance qui est ici et maintenant, parce que la vision corporelle est étendue dans l'organe tout entier ou dans le composé de matière et de forme, et ainsi <la vision corporelle> a

---

1. *Cf.* Pierre d'Auréol, *Scriptum super primum Sententiarum*, Prœm., sect. 2, a. 3, n. 80-87 (éd. E. Buytaert, 198 *sq.*).

esse hic et nunc. Et isto modo intellectus abstrahit a condicionibus materialibus, quia intellectio est subiective in intellectu, non extensive in aliquo composito sive organo corporali. Et potest sic intelligi dictum commune de istis condicionibus materialibus quod «intellectus abstrahit» etc. Alio modo potest aliquis habere cognitionem materialem quia cognoscit materiam sive obiectum materiale. Et sic intellectus divinus, angelicus et humanus habent cognitionem materialem, quia intelligunt non solum rem materialem sed etiam materiam; et sensus non potest cognoscere materiam. Mirabile enim esset, ex quo materia est res aliqua positiva, si non posset apprehendi ab aliqua potentia.

<286> Et quando dicit quod Commentator, I *Physicorum* et III *De anima*, dicit quod materia non est intelligibilis, dico quod materia impedit illam intellectionem qua aliquid est intellectum et intelligens. Quia nihil potest intelligere nisi abstractum a materia, sic quod non indiget organo corporali ad intelligendum.

Ad aliud dicitur quod «cognitio intuitiva naturaliter habita imprimitur ab obiecto et conservatur sicut lumen a sole.

l'être ici et maintenant. Et de cette façon, l'intellect abstrait des conditions matérielles, parce que l'intellection est subjectivement dans l'intellect, <elle n'est> pas dans un composé ou dans un organe corporel selon l'étendue. Et on peut ainsi comprendre la sentence commune au sujet de ces conditions matérielles : « l'intellect abstrait <des conditions matérielles>, etc. »[1]. D'une autre façon, une <puissance cognitive> peut avoir une connaissance matérielle parce qu'elle connaît la matière ou un objet matériel. Et de cette façon, les intellects divin, angélique et humain ont une connaissance matérielle, parce qu'ils intelligent non seulement la chose matérielle, mais aussi la matière, alors que le sens ne peut pas connaître la matière. En effet, ce serait incroyable si la matière ne pouvait pas être appréhendée par quelque puissance, parce qu'elle est une chose positive.

<286> Et quand il dit[2] que le Commentateur, au premier <livre> des *Physiques* et au troisième <livre> *De l'âme*, affirme que la matière n'est pas intelligible, je dis que la matière empêche cette intellection par laquelle quelque chose est intelligé et intelligent, parce que rien ne peut intelliger, sinon ce qui est abstrait de la matière, de sorte que <ce qui intellige> n'a pas besoin d'un organe corporel pour intelliger.

Concernant l'autre <doute>, on affirme que « la connaissance intuitive que l'on a de manière naturelle est imprimée par l'objet et est conservée comme la lumière par le soleil :

---

1. *Cf.* Thomas d'Aquin, *Summa theologiae*, I, q. 85, a. 1.

2. « Ockham répond ici à un argument qui n'a pas été mentionné auparavant », précisent les éditeurs (nous traduisons).

Ideo non facit intellectum errare », licet cognitio intuitiva supernaturaliter causata ponat intellectum in errore :

Contra : ipse dicit quod notitia intuitiva potest esse naturaliter respectu non exsistensis – dico sensitiva. Igitur non est contra naturam notitiae intuitivae quod imprimatur et conservetur a non-ente. Et si sensitiva potest sic esse, igitur intellectiva. Consequentia probatur per eum, quia notitia intuitiva, intellectiva et sensitiva, quando habentur naturaliter semper coniunguntur.

Ideo dico quod cognitio intuitiva est illa qua exsistente <287> iudico rem esse quando est et non esse quando non est, modo supra dicto, et hoc sive causetur naturaliter sive supernaturaliter. Quia habita notitia intuitiva qualitercumque, statim possum formare hoc complexum « haec res est » vel « non est », et virtute cognitionis intuitivae assentire complexo si res sit vel dissentire si non sit, sicut supra dictum est. Et sic nullo modo ponit intellectum in errore.

c'est pourquoi elle n'induit pas l'intellect en erreur»[1], bien que la connaissance intuitive qui est causée de manière surnaturelle induise l'intellect en erreur.

En sens contraire, il affirme lui-même[2] qu'il peut naturellement y avoir connaissance intuitive au regard d'un non-existant – je dis : la sensitive. Donc, il n'est pas contraire à la nature de la connaissance intuitive qu'elle soit imprimée et qu'elle soit conservée par un non-existant. Et si la sensitive peut être ainsi, l'intellective <aussi> par conséquent. La conséquence est prouvée par cet <auteur>[3], parce que la connaissance intuitive intellective et <la connaissance intuitive> sensitive, quand elles sont possédées de manière naturelle, sont toujours conjointes.

C'est pourquoi je dis que la connaissance intuitive est celle par laquelle <287> je juge qu'une chose existe, quand elle existe, et qu'elle n'existe pas, quand elle n'existe pas, de la façon qui a été présentée ci-dessus, et ce, qu'elle soit causée de manière naturelle ou de manière surnaturelle. Parce que lorsque, d'une manière ou de l'autre, j'ai une connaissance intuitive, aussitôt je peux former ce complexe <propositionnel> : « cette chose existe » ou « n'existe pas » et, en vertu de cette connaissance intuitive, donner mon assentiment à ce complexe, si la chose existe, ou lui refuser mon assentiment, si elle n'existe pas, comme il a été dit ci-dessus. Et ainsi, <la connaissance intuitive> n'induit d'aucune façon l'intellect en erreur.

---

1. *Cf.* Pierre d'Auréol, *Scriptum super primum Sententiarum*, Proœm., sect. 2, a. 4, n. 120 (éd. E. Buytaert, 209).

2. *Ibid.*, a. 3, n. 80-87 (éd. E. Buytaert, 198s.).

3. *Ibid.*, n. 121 (éd. E. Buytaert, 209).

Ad aliud dico quod (…) intellectio est similitudo obiecti
sicut species si poneretur, et non plus est similitudo unius
quam alterius. Et ideo similitudo non est causa praecisa quare
intelligit unum et non aliud. Quod potest patere in exemplo :
nam simile est de cognoscibilitate et causatione univoca.
Nam causa univoca causat per assimilationem et ideo est
univoca quia effectus sibi assimilatur, et tamen non producitur
determinate ab una causa univoca et non ab alia propter
assimilationem. Quia si ponantur duo <288> calores aeque
intensi et unus producat tertium calorem, iste tertius
tantum assimilatur uni sicut alteri et aequaliter utrique et
tamen non producitur nisi ab uno. Igitur assimilatio non est
causa quare una causat et non altera. Et eodem modo est in
proposito : nam licet intellectus assimiletur omnibus individuis aequaliter per casum positum, tamen potest unum
determinate cognoscere et non aliud. Sed hoc non est propter
assimilationem, sed causa est quia omnis effectus naturaliter
producibilis ex natura sua determinat sibi quod producatur ab
una causa efficiente et non ab alia, sicut determinat sibi quod
producatur in una materia et non in alia. Quia si non,
sequeretur quod idem effectus a diversis agentibus simul et
semel produceretur in duabus materiis, quod est impossibile.

<289> Igitur (…) licet intentio vel species, si poneretur,
aequaliter assimilaretur multis individuis, tamen ex natura sua

À l'autre <doute>, je dis que (…) l'intellection est une similitude de l'objet, tout comme l'espèce si on la posait, et elle n'est pas plus similitude d'une <chose> que d'une autre <chose>. Et c'est pourquoi la similitude n'est pas la cause précise <expliquant> pourquoi <l'intellection> intellige une <chose> et non pas une autre <chose>. Ce qui peut être manifeste par un exemple : car il y a analogie entre la connaissabilité et la causalité univoque. Car la cause univoque cause par assimilation, et c'est pourquoi elle est univoque, parce que l'effet est fait semblable à elle, et cependant ce n'est pas en vertu de l'assimilation que <l'effet> est produit de manière déterminée par une cause univoque et non par une autre. Parce que si deux chaleurs sont posées <288> également intenses et <si> l'une produit une troisième chaleur, cette troisième est faite autant semblable à l'une qu'à l'autre <chaleur>, et également <semblable> à toutes deux, et cependant elle n'est produite que par une seule <chaleur>. Donc, l'assimilation n'est pas la cause <expliquant> pourquoi l'une cause et non pas l'autre. Et il en est de même pour <la thèse ici> proposée : car, bien que l'intellect soit fait semblable à tous les individus de manière égale, selon le cas proposé, cependant il peut connaître de manière déterminée l'un <de ces individus> et non pas l'autre ; or, cela n'est pas en vertu de l'assimilation, mais la cause est que tout effet naturellement produisable est déterminé de par sa nature à être produit par une cause efficiente et non par une autre, tout comme il est déterminé à être produit en une matière et non en une autre. Parce que sinon, il s'ensuivrait que le même effet serait produit simultanément et du même coup en deux matières par divers agents, ce qui est impossible.

<289> Donc, (…) bien que l'intention – ou l'espèce, si on la posait – soit faite semblable à plusieurs individus de manière égale, cependant elle est déterminée de par sa nature à

determinat sibi quod ducat intellectum in cognitionem illius obiecti a quo partialiter causatur quia ita determinat sibi causari ab illo obiecto quod non potest causari ab aliquo alio. Et ideo sic in eius cognitionem ducit quod non ducit in cognitionem alterius.

Si dicas quod illa intentio potest immediate causari totaliter a Deo; et tunc per illam intentionem non plus intelligeret intellectus unum singulare simillimum quam aliud, quia tantum assimilatur uni sicut alteri. Nec causalitas facit ad intentionem unius et non alterius, quia a nullo causatur sed a solo Deo immediate :

Respondeo : quaelibet intentio creaturae causata a Deo potest a creatura causari partialiter, licet non causetur de facto. Et ideo per illam intentionem cognoscitur illud singulare a quo determinate causaretur si causaretur a creatura; huiusmodi autem est unum singulare et non aliud, igitur etc.

<291> Ad aliud dico quod in intellectu potest esse aliqua cognitio abstractiva per quam nec iudico rem esse, nec non esse, nec fuisse, sicut supra determinatum est, ideo modo transeo.

conduire l'intellect à la connaissance de cet objet par lequel elle est partiellement causée, parce qu'elle est déterminée à être causée par cet objet de telle sorte qu'elle ne puisse pas être causée par un autre. Et c'est pourquoi elle conduit à la connaissance de cet <objet> de telle sorte qu'elle ne conduise pas à la connaissance d'un autre.

Si tu dis : cette intention peut immédiatement être causée totalement par Dieu et, dans ce cas, par cette intention l'intellect n'intelligerait pas plus un singulier qu'un autre maximalement semblable, parce qu'elle est faite semblable autant à l'un qu'à l'autre. Et la causalité ne fait pas qu'il y ait intention de l'un et non de l'autre, parce que <l'intention> n'est causée par aucune <chose>, mais immédiatement par Dieu seul.

Je réponds : n'importe quelle intention d'une créature qui est causée par Dieu peut être causée partiellement par une créature, bien qu'elle ne soit pas causée de fait <par une créature>. Et c'est pourquoi par cette intention on connaît ce singulier par lequel elle serait causée de manière déterminée si elle était causée par une créature ; or, de cette façon, elle est un seul singulier et non pas un autre : donc, etc.

<291> À l'autre <doute>, je dis que dans l'intellect il peut y avoir une connaissance abstractive par laquelle je ne juge ni qu'une chose existe, ni qu'elle n'existe pas, ni qu'elle a existé, comme il a été déterminé ci-dessus : c'est pourquoi je passe outre maintenant.

REPORTATIO II
QUAESTIO 14

Conclusiones sex

<316> Ideo dico quod notitia est duplex : quaedam incomplexa et quaedam complexa. [Incomplexa] quaedam est intuitiva, quaedam abstractiva. Abstractiva quaedam in particulari, quaedam in universali. Tunc dico quod angelus potest naturaliter accipere notitiam intuitivam a re materiali et immateriali tanquam ab obiectis quae sunt causae partiales respectu illius cognitionis. Quod probatur, quia illud quo posito potest aliud poni, et quo non posito non potest aliud poni, illud habet rationem causae respectu illius. Sed posito uno angelo, potest alius eum intuitive videre. Et posita una re materiali, potest angelus etiam illam intuitive videre ; et non posita illa re, non potest angelus eam intuitive videre. Igitur res utraque est causa cognitionis intuitivae angelicae.

SI L'ANGE REÇOIT LA CONNAISSANCE DES CHOSES, SPIRITUELLES OU CORPORELLES

<Six conclusions>

<316> Je dis que la connaissance est double : une certaine <connaissance> est incomplexe et une certaine <autre connaissance> est complexe. Une certaine <incomplexe> est intuitive, une certaine <autre incomplexe est> abstractive. Une certaine <connaissance> abstractive <est> en particulier, une certaine <autre abstractive est> en général. Je dis alors que l'ange peut naturellement recevoir une connaissance intuitive des choses matérielle et immatérielle comme d'objets qui sont causes partielles au regard de cette connaissance. Ce que l'on prouve <ainsi> : ce qui, étant posé, <fait en sorte qu'une> autre <chose> peut être posée, et qui, n'étant pas posé, <fait en sorte que> l'autre <chose> ne peut pas être posée, cela possède la nature de cause au regard de cette <autre chose> ; or, lorsqu'un ange est posé, un autre <ange> peut le voir intuitivement, et lorsqu'une chose matérielle est posée, l'ange peut aussi la voir intuitivement ; et lorsque cette chose n'est pas posée, l'ange ne peut pas la voir intuitivement : donc, l'une et l'autre choses sont causes de la connaissance intuitive angélique.

Secundo dico quod potest accipere notitiam abstractivam incomplexam a rebus mediante intuitiva, sicut in priori quaestione dictum est. Et hoc loquendo de abstractiva exsistente cum intuitiva, quia illa non exsistit nisi exsistente intuitiva, et respectu illius est tam res extra quam cognitio intuitiva causa partialis cum intellectu. Cognitionem autem abstractivam manentem post intuitivam accipit a re mediante habitu. Non quidem <317> quod res sit causa partialis respectu illius cognitionis, quia potest esse re non exsistente; sed quia habitus, qui est causa partialis illius cognitionis, generatur ex actibus qui immediate accipiuntur a re sicut a causa partiali, quia a cognitione abstractiva manente cum intuitiva. Hoc probatur, quia non minoris perfectionis est intellectus angelicus quam humanus. Sed intellectus hominis potest istas cognitiones accipere a rebus, sicut dictum est in praecedenti quaestione. Igitur et angelus potest hoc facere in puris naturalibus exsistens.

Tertio dico quod potest accipere a rebus notitiam universalium, quia potest abstrahere universalia a singularibus. Quod probatur, quia quod est perfectionis in intellectu nostro, hoc attribuendum est intellectui angelico. Sed huiusmodi conceptus facere et universalia abstrahere est perfectionis in intellectu nostro, igitur angelus potest hoc facere. Et hoc potest mediante cognitione intuitiva singularium vel abstractiva incomplexa, sicut potest intellectus noster. Nec apparet aliqua ratio quare non.

Deuxièmement, je dis que <l'ange> peut recevoir des choses, par la médiation de l'intuitive, une connaissance abstractive incomplexe, comme il a été dit à la question précédente et ce, s'agissant de l'abstractive qui existe avec l'intuitive, parce que cette <connaissance abstractive> n'existe que si l'intuitive existe. Et au regard de cette <connaissance abstractive>, tant la chose à l'extérieur que la connaissance intuitive sont causes partielles avec l'intellect. Quant à la connaissance abstractive qui a lieu après l'intuitive, <l'ange> la reçoit de la chose par la médiation d'un habitus. Non certes <317> que la chose soit cause partielle au regard de cette connaissance <abstractive>, parce que celle-ci peut avoir lieu lorsque la chose n'existe pas, mais parce que l'habitus, qui est cause partielle de cette connaissance, est engendré à partir d'actes qui sont immédiatement reçus de la chose comme d'une cause partielle, car <l'habitus est engendré> par la connaissance abstractive qui a lieu avec l'intuitive. On prouve cela <de la manière suivante> : l'intellect angélique n'est pas d'une perfection moindre que l'humain ; or, l'intellect de l'homme peut recevoir des choses ces connaissances, comme il a été dit à la question précédente : donc, l'ange aussi, existant au sein des <choses> purement naturelles, peut le faire.

Troisièmement, je dis que <l'ange> peut recevoir des choses la connaissance des universaux, parce qu'il peut abstraire les universaux des singuliers. Ce que l'on prouve <de la manière suivante> : ce qui relève d'une perfection dans notre intellect doit être attribué à l'intellect angélique ; or, produire des concepts et abstraire des universaux de cette façon relève d'une perfection dans notre intellect : donc, l'ange peut le faire. Et il le peut par la médiation de la connaissance intuitive des singuliers ou <par la médiation de la connaissance> abstractive incomplexe, comme le peut notre intellect. Et il ne semble pas y avoir de raison qu'il ne le puisse pas.

Quarto dico quod potest naturaliter accipere a rebus notitiam complexam propositionum contingentium. Quod probatur, quia qui cognoscit extrema alicuius complexi contingentis intuitive, statim potest mediante cognitione intuitiva et abstractiva eorundem, quae simul est cum intuitiva, complexum formare et virtute illius cognitionis intuitivae assentire vel dissentire. Istud patet, quia non est maioris imperfectionis formare complexum <318> et sic assentire quam cognoscere intuitive vel abstractive. Sed angelus potest cognoscere extrema alicuius complexi contingentis intuitive, puta istius « paries est albus », ergo etc.

Et sciendum est hic quod nunquam potest angelus nec intellectus noster habere notitiam evidentem vel evidenter assentire alicui complexo contingenti nisi exsistentibus extremis illius complexi et cognitione intuitiva eorum. Quia ex ista cognitione abstractiva complexa non potest generari habitus, quia nullus experitur se magis inclinatum ad assentiendum tali post notitiam intuitivam re non exsistente, vel notitia intuitiva non exsistente extremorum, quam ante omnem notitiam intuitivam. Si enim angelus videat intuitive parietem et albedinem in eo, evidenter assentit isti complexo « paries est albus ». Sed destructa albedine vel pariete, et exsistente cognitione intuitiva prius habita naturaliter et modo per potentiam divinam conservata, statim

Quatrièmement, je dis que <l'ange> peut naturellement recevoir des choses la connaissance complexe de propositions contingentes. Ce que l'on prouve <de la manière suivante> : ce qui connaît intuitivement les extrêmes d'un complexe <propositionnel> contingent, aussitôt peut, par la médiation de la connaissance intuitive et <de la connaissance> abstractive de ces mêmes <extrêmes> – <la connaissance abstractive> qui a lieu en même temps que l'intuitive –, former un complexe <propositionnel> et, en vertu de cette connaissance intuitive, lui donner ou lui refuser son assentiment. Cela est manifeste, parce que former un complexe <propositionnel> et lui donner ainsi son assentiment ne relève pas d'une plus grande imperfection <318> que connaître intuitivement ou abstractivement ; or, l'ange peut connaître intuitivement les extrêmes d'un complexe <propositionnel> contingent, par exemple de celui-ci : « le mur est blanc » : donc, etc.

Et il faut savoir ici que jamais l'ange ou notre intellect ne peut avoir une connaissance évidente ou donner avec évidence son assentiment à un complexe <propositionnel> contingent, si ce n'est lorsque les extrêmes de ce complexe <propositionnel> et leur connaissance intuitive existent. Parce qu'un habitus ne peut pas être engendré à partir de cette connaissance abstractive complexe, car personne ne fait l'expérience qu'il est davantage incliné à donner son assentiment à un tel <complexe propositionnel contingent> après une connaissance intuitive, lorsque la chose n'existe pas, ou lorsqu'il n'y a pas de connaissance intuitive des extrêmes, qu'avant toute connaissance intuitive. En effet, si l'ange voit intuitivement un mur et une blancheur en celui-ci, il donne avec évidence son assentiment à ce complexe <propositionnel> : « le mur est blanc » ; mais lorsque la blancheur ou le mur est détruit, alors qu'existe la connaissance intuitive auparavant possédée de manière naturelle et maintenant conservée par la puissance divine, aussitôt

intellectus dissentit isti complexo « paries est albus », quia hoc
complexum tunc est falsum. Si res exsistat et cognitio intuitiva
non maneat sed corrumpatur, licet hoc complexum sit verum,
non tamen intellectus illi evidenter assentit. Probatur, quia
post intuitivam non habet nisi cognitionem abstractivam.
Nunc autem per cognitionem abstractivam non iudico rem
esse, sed quod aliquando fuit. Igitur ad hoc quod intellectus
angelicus habeat cognitionem evidentem de aliquo
contingenti complexo affirmativo qua iudicatur hoc esse hoc,
requiritur necessario exsistentia extremorum et notitia
intuitiva eorum – et hoc dico naturaliter, non loquendo de
<319> potentia divina. Sed ad habendum notitiam evidentem
de aliquo complexo contingenti negativo quo negatur hoc esse
hoc vere sufficit notitia intuitiva extremorum, et illa necessario requiritur – naturaliter dico – et non-exsistentia rei, quia
ipsa exsistente iam intellectus evidenter dissentiret praedicto
complexo negativo.

Quinto dico quod angelus potest accipere a rebus notitiam
propositionum necessariarum, quia potest terminos talium
propositionum intuitive apprehendere et ipsis apprehensis
potest evidenter assentire illis veritatibus. Tamen utrum de
facto accipiat notitiam a rebus incomplexam vel complexam
quamcumque, contingentem vel necessariam, nescimus. Cuius
ratio est quia quando aliquid dependet ex sola voluntate divina
contingenter et libere causante, quidquid causat extra se, illud

l'intellect refuse son assentiment à ce complexe <proposition-nel> : « le mur est blanc », parce que, dans ce cas, ce complexe <propositionnel> est faux. Si la chose existe et la connaissance intuitive ne demeure pas mais est détruite, bien que ce complexe <propositionnel> soit vrai, cependant l'intellect ne lui donne pas son assentiment avec évidence. On le prouve <ainsi> : après l'intuitive <l'intellect> ne possède qu'une connaissance abstractive; or, dans ce cas, par la connaissance abstractive, je ne juge pas que la chose existe, mais qu'elle a existé à un certain moment : donc, pour que l'intellect angé-lique ait une connaissance évidente d'un complexe <proposi-tionnel> contingent affirmatif, par laquelle on juge que cela est cela, l'existence des extrêmes et leur connaissance intuitive sont nécessairement requises – et j'affirme cela selon la nature, sans parler de <319> la puissance divine. Mais pour avoir une connaissance évidente d'un complexe <proposi-tionnel> contingent négatif, par lequel on nie que cela est cela, la connaissance intuitive des extrêmes suffit vraiment, et celle-ci est nécessairement requise – j'affirme <cela> selon la nature – et la non-existence de la chose <est également requise>, parce que lorsque la <chose> existe, l'intellect refuse alors avec évidence son assentiment à ce complexe <propositionnel> négatif.

Cinquièmement, je dis que l'ange peut recevoir des choses la connaissance de propositions nécessaires, parce qu'il peut appréhender intuitivement les termes de telles propo-sitions et, lorsque ceux-ci sont appréhendés, il peut donner avec évidence son assentiment à ces vérités. Cependant, si de fait il reçoit des choses toute connaissance, incomplexe ou complexe, contingente ou nécessaire, nous l'ignorons. La raison en est que lorsque quelque chose dépend de la seule volonté divine, qui cause librement et de manière contingente tout ce qu'elle cause en dehors de soi, cela

non potest certitudinaliter a viatore cognosci per rationem nec
per experientiam. Sed quod habeat unam cognitionem vel
aliam quamcumque a Deo, hoc solum dependet ex voluntate
divina, igitur etc. Et ideo tales propositiones sunt nobis
neutrae, quia nec habemus rationem nec certam experientiam
ad unam partem vel ad aliam. Si autem sint auctoritates
Sanctorum quae magis sonant in unam partem quam in aliam,
illa pars potest rationabiliter teneri. Sed prius dicta omnia de
cognitione angelorum loquuntur de possibili : si angelus esset
relictus puris naturalibus.

Sexto dico quod angelus potest discurrere et per discursum
adquirere notitiam propositionum contingentium.

<321> Idem dico de propositionibus necessariis, scilicet
quod potest earum notitiam adquirere per discursum (…).

Dubia circa conclusiones

<322> (…) Item, effectus eiusdem rationis habent causas
eiusdem rationis; et non necessario [effectus alterius rationis habent causas] alterius rationis. Sed prima cognitio
abstractiva quae stat cum intuitiva et secunda sunt eiusdem
rationis. Igitur sicut secunda causatur ab habitu, ita prima. Et
sicut secunda non causatur ab obiecto nec a notitia intuitiva, ita
nec prima.

ne peut pas être connu avec certitude par l'homme ici-bas au moyen d'un argument ou d'une expérience ; or, que <l'ange> ait une connaissance ou une autre par Dieu, cela dépend seulement de la volonté divine : donc, etc. Et c'est pourquoi de telles propositions sont neutres pour nous, parce que nous n'avons ni un argument ni une expérience certaine en faveur de l'une ou l'autre partie. Or, s'il y a des autorités de Saints qui parlent davantage en faveur d'une partie que d'une autre, cette partie peut être raisonnablement tenue. Mais tout ce qui a été dit auparavant au sujet de la connaissance des anges est affirmé selon l'ordre du possible, <c'est-à-dire comme> si l'ange était laissé à l'ordre des <choses> purement naturelles.

Sixièmement, je dis que l'ange peut raisonner et acquérir par raisonnement la connaissance de propositions contingentes. (…) <321> J'affirme la même <chose> à propos de propositions nécessaires, à savoir que <l'ange> peut en acquérir la connaissance par raisonnement (…).

<Doutes relatifs aux conclusions>

<322> (…) De même, des effets de même nature ont des causes de même nature, mais <des effets> de nature différente <n'ont> pas nécessairement <des causes de nature différente> ; or, la première connaissance abstractive, qui a lieu avec l'intuitive, et la seconde <connaissance abstractive> sont de même nature : donc, tout comme la seconde est causée par un habitus, de même la première <est causée par un habitus>, et tout comme la seconde n'est pas causée par l'objet ni par la connaissance intuitive, de même la première <n'est pas causée par l'objet ni par la connaissance intuitive>.

Solutio dubiorum

<327> (…) Ad aliud dico quod non est generaliter verum quin idem effectus productus a causa secunda necessario producatur a causis diversarum rationum, puta calor productus ab igne, sole et Deo, et alius [effectus] eiusdem rationis potest causari a solo Deo. Et si sol produceret ignem et calorem, ille ignis posset producere alium ignem et calorem.

<328> Eodem modo in proposito, notitia abstractiva prima si producatur ab intuitiva partialiter, ut prius dictum est, tunc necessario producitur a causa alterius rationis quam secunda abstractiva, quia prima causatur ab obiecto et cognitione intuitiva et intellectu. Et hoc si cognitio intuitiva naturaliter causetur. Si autem a solo Deo, tunc non causatur ab obiecto, sed a notitia intuitiva, quia illa notitia causata a Deo non necessario requirit obiectum exsistere sicut prima intuitiva naturaliter causata. Notitia autem abstractiva secunda causatur ab habitu et intellectu. Et ideo si naturaliter causentur, requirunt causas alterius rationis non obstante quod sint effectus eiusdem rationis. Si autem utraque notitia abstractiva causetur supernaturaliter a solo Deo, tunc habent causam eiusdem rationis.

\<Solution des doutes\>

\<327\> (…) À l'autre \<doute\>, je dis qu'il n'est pas vrai de manière générale qu'un même effet produit par une cause seconde ne soit pas nécessairement produit par des causes de diverses natures, par exemple : la chaleur, produite par le feu, le soleil et Dieu ; et un autre \<effet\> de même nature peut être causé par Dieu seul. Et si le soleil produisait un feu et une chaleur, ce feu pourrait produire un autre feu et une chaleur.

\<328\> Il en est de même pour \<la thèse ici\> proposée : la première connaissance abstractive, si elle est produite partiellement par l'intuitive, comme il a été dit auparavant, est alors nécessairement produite par une cause de nature différente de \<la nature de la cause de\> la seconde abstractive, parce que la première est causée par l'objet, la connaissance intuitive et l'intellect, et ce, si la connaissance intuitive est naturellement causée. Or, si \<la première abstractive est causée\> par Dieu seul, alors elle n'est pas causée par l'objet, mais par la connaissance intuitive, parce que cette connaissance \<intuitive\> causée par Dieu ne requiert pas nécessairement que l'objet existe, comme \<le requiert\> la première intuitive naturellement causée. Quant à la connaissance abstractive seconde, elle est causée par un habitus et l'intellect. Et c'est pourquoi, si \<les connaissances abstractives première et seconde\> sont naturellement causées, elles requièrent des causes de nature différente, nonobstant qu'elles soient des effets de même nature. Mais si l'une et l'autre connaissances abstractives sont causées de manière surnaturelle par Dieu seul, alors elles ont une cause de même nature.

De notitia abstractiva quae simul stat cum intuitiva

<333> Circa notitiam primam abstractivam quae simul stat cum intuitiva est advertendum quod illa notitia causatur ab intuitiva notitia et intellectu et corpore, quodcumque sit illud, tanquam a causis partialibus, et non ab obiecto, licet tamen contrarium dicatur. Cuius ratio est quia stante cognitione intuitiva, licet obiectum totaliter corrumpatur, adhuc stat illa abstractiva. Ergo non requirit obiectum necessario ad eius causationem.

Si dicas quod licet cognitio intuitiva posset exsistere per potentiam divinam non exsistente obiecto, non tamen naturaliter. Igitur ad hoc quod causetur cognito abstractiva praedicta naturaliter necessario requiritur exsistentia obiecti. Et tunc ultra : omne illud quod necessario requiritur ad aliquem effectum cansandum habet aliquam causalitatem respectu illius effectus per <334> propositionem frequenter acceptam, quia « effectus sufficienter dependet » etc.

<Au sujet de la connaissance abstractive
qui a lieu en même temps que l'intuitive>

<333> Relativement à la première connaissance abstractive qui a lieu en même temps que l'intuitive, il faut remarquer que cette connaissance est causée par la connaissance intuitive, l'intellect et le corps[1], quel qu'il soit, comme par des causes partielles, et non pas par l'objet, bien qu'on ait pourtant dit le contraire. La raison en est que, lorsque la connaissance intuitive a lieu, même si l'objet est totalement détruit, la <première> abstractive aussi a lieu : elle ne requiert donc pas nécessairement l'objet pour être causée.

Si tu dis : bien que la connaissance intuitive puisse exister par la puissance divine lorsque l'objet n'existe pas, <elle ne le peut> pas cependant de manière naturelle : donc, pour que la connaissance abstractive susmentionnée soit naturellement causée, l'existence de l'objet est nécessairement requise. Et dans ce cas, <on affirme> en outre : tout ce qui est nécessairement requis pour causer un effet a une causalité au regard de cet effet, en vertu <334> de la proposition fréquemment reçue : « l'effet dépend suffisamment <de ses causes essentielles, lesquelles étant posées, l'effet peut être posé, et lesquelles n'étant pas posées, <l'effet> ne peut pas être posé naturellement, et <l'effet> ne dépend d'aucune autre <chose>> ».

---

1. Ockham fait référence ici au corps de celui qui connaît. En ce sens, il écrit ailleurs qu'une complexion corporelle appropriée ainsi qu'une bonne disposition du corps et de toutes les facultés, y compris l'imagination (*phantasia*), sont requises pour que quelqu'un soit en puissance prochaine d'intelliger abstraitement grâce à un habitus de connaissance. Le *Venerabilis inceptor* reconnaît donc que l'harmonie des divers éléments corporels (la «*complexio corporalis*») peut être une cause partielle, nécessairement requise, de l'acte d'intelliger. *Cf.* Guillaume d'Ockham, *Reportatio* II, q. 12-13, *OTh* V, p. 294 (*Ad aliud dico quod*).

Respondeo : verum est quod intuitiva non potest conservari destructo obiecto nisi per potentiam divinam, tamen si naturaliter posset conservari sine exsistentia obiecti, causaret abstractivam primam sufficienter cum aliis causis. Et quando dicit « quidquid necessario requiritur » etc., dico quod vel illud quod necessario requiritur est causa immediata illius effectus vel est causa causae illius effectus. Sic est in proposito. Nam licet obiectum non sit causa immediata respectu primae abstractivae, tamen est causa cognitionis intuitivae quae est causa cognitionis abstractivae, et eodem modo. Ad aliud dico quod effectus sufficienter dependet ex causis suis essentialibus, approximatis et dispositis et conservatis, ita quod nihil aliud necessario requiritur ad talem effectum absolute loquendo, tamen aliud aliquando requiritur necessario ad conservationem causae naturaliter loquendo quod non est causa illius effectus, sicut est in proposito. Et potest poni exemplum in aliis.

Aliud sciendum est quod cognitio prima abstractiva est illa mediante qua intellectus nec iudicat rem esse vel non esse, nec fuisse vel non fuisse, nec – breviter – de aliqua differentia temporis. Quod probatur, tum quia si mediante illa tanquam causa partiali intellectus iudicaret rem esse vel non esse, tunc esset <335> intuitiva perfecta, sicut prius patet. Si etiam mediante illa tanquam causa partiali intellectus iudicaret

Je réponds : il est vrai que, lorsque l'objet est détruit, l'intuitive ne peut être conservée que par la puissance divine ; toutefois, si elle pouvait être conservée naturellement sans l'existence de l'objet, elle causerait de manière suffisante, avec les autres causes, la première abstractive. Et quand il dit : « tout ce qui est nécessairement requis, etc. », je dis que, ou bien ce qui est nécessairement requis est cause immédiate de son effet, ou bien est cause de la cause de son effet. Il en est ainsi pour <la thèse ici> proposée. Car, bien que l'objet ne soit pas cause immédiate au regard de la première abstractive, il est cependant cause de la connaissance intuitive qui est cause de la connaissance abstractive, et de la même façon. À l'autre <affirmation>, je dis que l'effet dépend suffisamment de ses causes essentielles, approchées, disposées et conservées, de sorte que rien d'autre n'est nécessairement requis pour un tel effet, en parlant de manière absolue. Cependant, une autre <chose> parfois est nécessairement requise pour la conservation de la cause, en parlant selon la nature, <une autre chose> qui n'est pas cause de l'effet, comme c'est le cas pour <la thèse> ici proposée. Et on peut donner un exemple pour d'autres <cas>.

Il faut savoir en outre que la première connaissance abstractive est celle par la médiation de laquelle l'intellect ne juge ni qu'une chose existe ou qu'elle n'existe pas, ni qu'elle a existé ou qu'elle n'a pas existé, ni, en bref, <ne juge> de quelque modalité temporelle. Ce que l'on prouve <de la manière suivante> : d'une part, si par la médiation de cette <première connaissance abstractive> comme cause partielle l'intellect jugeait qu'une chose existe ou n'existe pas, alors elle serait <335> une <connaissance> intuitive parfaite, comme il est manifeste <par ce qui a été dit> auparavant. D'autre part, si par la médiation de cette <première connaissance abstractive> comme cause partielle l'intellect jugeait

rem fuisse vel fore, tunc esset intuitiva imperfecta, sicut etiam prius dictum est.

Similiter cognitio dicitur abstractiva quia abstrahit ab exsistentia et non exsistentia. Quod non sic intelligitur quod obiectum cuius est notitia abstractiva nec sit nec non sit, quia hoc est impossibile. Sed sic intelligitur quod mediante abstractiva tanquam causa partiali intellectus non iudicat rem exsistere nec non exsistere, nec etiam secundum aliquam differentiam temporis. Cum igitur ista sit abstractiva simpliciter, sequitur etc.

Si dicas quod potest dari una alia abstractiva simpliciter in intellectu quae potest stare cum intuitiva et manere post intuitivam, illa scilicet per quam cognosco aliquid intuitive cognitum, puta albedinem in se et absolute primo, et est ista cognitio incomplexa. Et post mediante ista tanquam causa partiali potest intellectus assentire alicui complexo necessario quod non concernit aliquam differentiam temporis, et illa est cognitio abstractiva simpliciter complexa. Exemplum : si primo videam albedinem intuitive et post cognosco eandem albedinem absolute abstractive, si tunc intellectus mediante ista cognitione formet hoc complexum « albedo est qualitas », haec est cognitio complexa abstractiva simpliciter quae non concernit aliquam differentiam temporis. Igitur praeter praedictam abstractivam primam est dare aliam abstractivam quae non est principium iudicii secundum aliquam differentiam temporis :

qu'une chose a existé ou existera, alors elle serait une <connaissance> intuitive imparfaite, comme il a aussi été dit auparavant.

Pareillement, une connaissance est dite abstractive parce qu'elle abstrait de l'existence et de la non-existence. Ce que l'on n'entend pas au sens où l'objet dont il y a connaissance abstractive ni n'existe ni n'existe pas, car cela est impossible. Mais on l'entend au sens où par la médiation de l'abstractive comme cause partielle l'intellect ne juge ni qu'une chose existe ni qu'elle n'existe pas, ni même <ne juge> selon quelque modalité temporelle. Donc, puisque cette <connaissance dont il est ici question> est <une connaissance> absolument abstractive, il s'ensuit que, etc.

Si tu dis : on peut admettre une autre <connaissance> absolument abstractive dans l'intellect, laquelle peut avoir lieu avec l'intuitive et demeurer après l'intuitive, une <abstractive> par laquelle je connais quelque chose qui est intuitivement connu, par exemple une blancheur, en soi et absolument en premier – et cette connaissance est incomplexe – et, ensuite, par la médiation de laquelle comme cause partielle mon intellect peut donner son assentiment à un complexe <propositionnel> nécessaire qui ne concerne pas une modalité temporelle – et ceci est une connaissance absolument abstractive complexe. Exemple : si d'abord je vois intuitivement une blancheur et, ensuite, je connais absolument la même blancheur de manière abstractive, alors mon intellect, par la médiation de cette connaissance <abstractive>, forme ce complexe <propositionnel> : « la blancheur est une qualité » – <et> ceci est une connaissance absolument abstractive complexe qui ne concerne pas une modalité temporelle. Donc, outre la première abstractive susmentionnée, on doit admettre une autre abstractive qui n'est pas un principe de jugement selon quelque modalité temporelle.

Contra : licet ista cognitio actualis vel habitualis non sit
<336> principium iudicii respectu praedicati quod non
concernit aliquam differentiam temporis, – cuiusmodi est
omne praedicatum quod convenit subiecto necessario, sicut
est in exemplo iam posito « albedo est qualitas » –, tamen
eadem cognitio numero, si distinguatur a prima abstractiva,
potest esse principium iudicii respectu praedicati quod
concernit differentiam temporis, cuiusmodi est illud praedicatum quod convenit subiecto contingenter. Exemplum : licet
enim illa cognitio abstractiva per quam cognosco albedinem
absolute non sit principium iudicii secundum differentiam
temporis respectu istius praedicati, « albedo est qualitas »,
quia hoc praedicatum non concernit differentiam temporis,
tamen respectu istius praedicati « albedo fuit » vel « est in
corpore » vel « fuit in corpore subiective » est ista cognitio
principium [iudicii] partiale. Et ita non probas propositum.

Si dicas quod illa cognitio non est principium iudicii
secundum differentiam temporis respectu cuiuscumque praedicati, sicut patet per rationes supra adductas. Ex isto sequitur
quod abstractiva quam tu ponis non distinguitur a prima
abstractiva, quia prima sufficit, igitur quaelibet alia superfluit.
Ideo apparet quod non fuit aliqua abstractiva simpliciter alia a
prima quae non est principium iudicii secundum aliquam
differentiam temporis :

Sed tunc est dubium : a quo generatur habitus inclinans ad
secundam abstractivam quae dicitur intuitiva imperfecta, quia
mediante illa potest intellectus iudicare quod res aliquando
fuit ? Non enim potest generari ab intuitiva, ut probatum est;

En sens contraire : bien que cette connaissance actuelle ou habituelle ne soit pas <336> un principe de jugement au regard d'un prédicat qui ne concerne pas une modalité temporelle – du genre dont est tout prédicat qui convient nécessairement au sujet, comme c'est le cas dans l'exemple déjà posé : « la blancheur est une qualité » –, cependant, la même connaissance en nombre, si elle est distinguée de la première abstractive, peut être un principe de jugement au regard d'un prédicat qui concerne une modalité temporelle, du genre dont est un prédicat qui convient au sujet de manière contingente. Exemple : bien que cette connaissance abstractive, par laquelle je connais absolument une blancheur, ne soit pas un principe de jugement selon une modalité temporelle au regard de ce prédicat : « la blancheur est une qualité », parce que ce prédicat ne concerne pas une modalité temporelle, cependant au regard de ce prédicat : « une blancheur a existé » ou « existe dans un corps » ou « a existé subjectivement dans un corps », cette connaissance est un principe partiel <de jugement>. Et ainsi tu ne prouves pas ce qui est proposé.

Si tu dis : cette connaissance n'est pas un principe de jugement selon une modalité temporelle au regard de tout prédicat, comme il est manifeste par les arguments avancés ci-dessus : il s'ensuit que l'abstractive que tu poses ne se distingue pas de la première abstractive, parce que la première suffit, donc toute autre est superflue. C'est pourquoi il semble qu'il n'y ait pas une <connaissance> absolument abstractive autre que la première qui n'est pas un principe de jugement selon quelque modalité temporelle.

Mais il y a alors un doute : par quoi est engendré l'habitus qui incline à la seconde abstractive, laquelle est dite intuitive imparfaite parce que, par sa médiation, l'intellect peut juger qu'une chose a existé à un certain moment ? En effet, il ne peut pas être engendré par l'intuitive, comme il a été prouvé,

nec a <337> prima abstractiva, quia habitus semper inclinat ad actus consimiles illis a quibus generatur. Sed prima abstractiva non est principium iudicii secundum aliquam differentiam temporis, ut probatum est; igitur nec habitus generatus ex prima abstractiva inclinabit ad aliquem actum abstractivum qui sit principium iudicii, quia tunc non inclinaret ad actus consimiles etc.; et per consequens habitus generatus ex prima abstractiva non inclinat ad secundam abstractivam quae est intuitiva imperfecta. Igitur oportet dare alium habitum inclinantem ad illum actum. Sed a quo generatur ille habitus? Responsionem quaere.

ni par <337> la première abstractive, parce qu'un habitus incline toujours à des actes semblables à ceux par lesquels il est engendré; or, la première abstractive n'est pas un principe de jugement selon une modalité temporelle, comme il a été prouvé: donc, l'habitus engendré à partir de la première abstractive n'inclinera pas non plus à un acte abstractif qui serait un principe de jugement, parce que, dans ce cas, il n'inclinerait pas à des actes semblables, etc. Par conséquent, l'habitus engendré à partir de la première abstractive n'incline pas à la seconde abstractive, laquelle est l'intuitive imparfaite. Il faut donc admettre un autre habitus qui incline à cet acte. Mais par quoi est engendré cet habitus? Cherche la réponse... [1].

1. Cf. *supra*, *Reportatio* II, *Quaestiones* 12-13, p. 144-155.

QUAESTIONES VARIAE
QUAESTIO V

UTRUM INTELLECTUS ANGELICUS VEL HUMANUS ACTIVE SE
HABEAT RESPECTU INTELLECTIONIS CAUSANDAE

<155> Circa activitatem et passibilitatem intellectus,
sciendum quod circumscripta omni auctoritate Sanctorum et
Philosophorum, propter nullam rationem necessario
concludentem oportet ponere intellectum activum, sed solum
passivum. Et aequaliter possunt rationes solvi ponendo eum
passivum sicut activum, quod patet discurrendo per rationes
singulas quae adducuntur ab aliis et maxime a Ioanne pro
activitate intellectus.

Rationes adductae a Scoto pro activitate intellectus

<158> (…) Praeterea, actus assentiendi propositioni verae
et falsae, unde causatur? Non ab apprehensione terminorum
nec totius propositionis, quia hoc solum est verum de primo
principio quod eius notitia evidens sive assensus causatur ex

QUESTIONS DIVERSES
QUESTION 5

SI L'INTELLECT ANGÉLIQUE OU HUMAIN SE TROUVE À ÊTRE
ACTIF PAR RAPPORT AU FAIT DE CAUSER UNE INTELLECTION

<155> Relativement à l'activité et à la passibilité de
l'intellect, il faut savoir que, abstraction faite de toute autorité
des Saints et des philosophes, il n'y a aucun argument nécessairement concluant qui oblige à poser l'intellect actif, mais
seulement passif. Et <tous> les arguments peuvent être résolus
aussi bien en le posant passif qu'<en le posant> actif, ce qui est
manifeste quand on parcourt un à un les arguments qui sont
avancés en faveur de l'activité de l'intellect par les autres
<auteurs> et surtout par Jean <Duns Scot>.

<Arguments avancés par Scot en faveur de l'activité de l'intellect>

<158> (…) En outre, par quoi est causé l'acte de donner
l'assentiment à une proposition vraie ou fausse? Pas par
l'appréhension des termes, ni <par l'appréhension> de la
proposition tout entière, car cela est seulement vrai d'un
premier principe, <à savoir> que la connaissance évidente de
celui-ci ou l'assentiment <à celui-ci> est causé par la connais-

notitia terminorum et non de aliis propositionibus. Et dato quod esset verum de omni propositione vera, tamen non potest sic esse de propositione falsa, et de propositione primo neutra alicui et postea sibi vera vel falsa, respectu quarum assensus non potest causari ex notitia terminorum. Quia in propositione neutra aequaliter cognoscuntur termini prius sicut post, igitur aequaliter prius causarent sicut nunc causatur assensus. Similiter termini propositionis falsae, si causent aliquem actum, ille erit actus dissentiendi. A quo igitur causabitur actus assentiendi propositioni falsae nisi ab intellectu?

<159> Praeterea, universalia, intentiones secundae et logicae non causantur a notitia quacumque terminorum; igitur a nullo, vel ab intellectu.

<160> Praeterea, tam actus intellectus quam sensus intenditur vel remittitur secundum maiorem attentionem et conatum potentiae vel minorem. Ista attentio maior vel minor, et conatus, et intensio actus et remissio numquam possunt salvari sine activitate intellectus.

sance des termes, mais <cela n'est pas vrai> des autres propositions. Et même si l'on concède que cela est vrai de toute
proposition vraie, il ne peut cependant en être ainsi d'une
proposition fausse et d'une proposition d'abord neutre pour
quelqu'un et ensuite vraie ou fausse pour lui : au regard de ces
<propositions>, l'assentiment ne peut pas être causé par la
connaissance des termes, car, pour la proposition neutre, les
termes sont aussi bien connus avant qu'après : donc, ils cause-
raient l'assentiment aussi bien avant qu'après [1]. Pareillement,
si les termes d'une proposition fausse causent un acte, ce sera
un acte de refuser l'assentiment. Par quoi donc sera causé
l'acte de donner l'assentiment à une proposition fausse, si ce
n'est par l'intellect ?

<159> En outre, les universaux, intentions secondes et
logiques, ne sont pas causés par une quelconque connaissance
des termes : donc, <ils ne sont causés> par aucune <chose>, ou
<ils sont causés> par l'intellect.

<160> En outre, tant l'acte de l'intellect que <l'acte> du
sens sont intensifiés ou sont relâchés selon une plus ou moins
grande attention et <selon> l'effort de la puissance <cogni-
tive>. Cette plus ou moins grande attention et l'effort et
l'intensification ou le relâchement de l'acte ne peuvent jamais
être expliqués sans l'activité de l'intellect.

---

1. Au regard d'une proposition donnée, un intellect quelconque peut passer
d'une attitude dubitative (il ne sait d'abord si celle-ci est vraie ou fausse ; elle est
neutre pour lui) à une attitude assertive (la proposition est alors acceptée par lui
comme vraie – ou refusée comme fausse) : entre les deux attitudes, un
événement épistémologique a eu lieu (par exemple une vérification expérimentale ou une démonstration rationnelle) grâce auquel s'est produit le passage
de l'une à l'autre et par référence auquel on peut parler d'un « avant » et d'un
« après ».

<161> Praeterea, intellectus in absentia obiecti potest intelligere unum obiectum habitualiter notum, alio non intellecto. Unde ergo causabitur ista intellectio? Non ab obiecto quia – ponamus quod non sit – adhuc potest esse intellectio. Nec ab habitu, quia ita aliud obiectum est habitualiter notum sicut istud. Igitur ab intellectu.

Responsio ad rationes Scoti et aliorum

<170> (…) Ad aliud dico quod aequaliter concludit si ponatur intellectus activus sicut si non ponatur. Quia certum est, si ponatur intellectus activus, quod ad assentiendum propositioni, quae nec est per se nota nec nota ex notitia intuitiva terminorum sed est neutra primo vel dubia et postea evidenter vera vel falsa, requiritur necessario aliquid aliud praeter notitiam incomplexam terminorum et intellectum, quidquid sit illud. Aliter non plus intellectus evidenter assentiret tali propositioni uno tempore quam alio, ex quo aequaliter apprehendit terminos, et est activus – si sic ponatur – uno tempore et alio. Et ideo ista ratio est communis adversario et mihi.

<171> Ideo dico quod propositio cui intellectus assentit, vel est per se nota et necessaria, vel est contingens, vel est sibi neutra. Si primo modo, tunc assensus causatur sufficienter ex notitiis incomplexis terminorum et notitia apprehensiva

<161> En outre, en l'absence d'un objet, l'intellect peut intelliger cet objet connu en vertu d'un habitus, sans intelliger un autre <objet>. Par quoi donc sera causée cette intellection ? Pas par l'objet, car, supposons qu'il n'existe pas, il peut encore y avoir une telle intellection ; ni par un habitus, car l'autre objet <qui n'est pas actuellement intelligé> est aussi bien connu en vertu d'un habitus que cet <objet qui est actuellement intelligé> : donc, <l'intellection sera causée> par l'intellect.

<Réponse aux arguments de Scot et des autres <auteurs>>

<170> (…) À l'autre <argument>, je dis qu'il conclut de manière égale, que l'on pose ou non l'intellect actif. Parce que, si l'on pose l'intellect actif, il est certain que pour donner l'assentiment à une proposition qui n'est ni connue par soi, ni connue par une connaissance intuitive des termes, mais est d'abord neutre ou douteuse et ensuite vraie ou fausse avec évidence, <pour cela donc> est nécessairement requis quelque chose d'autre, quel qu'il soit, en plus de l'intellect et de la connaissance incomplexe des termes. Autrement, l'intellect ne donnerait pas plus avec évidence son assentiment à une telle proposition à un moment qu'à un autre, parce qu'il appréhende les termes et est actif – si on le pose tel – aussi bien à un moment qu'à un autre. Et c'est pourquoi cet argument est commun à moi et à mon adversaire.

<171> C'est pourquoi je dis que la proposition à laquelle l'intellect donne son assentiment, <1> ou bien est connue par soi et nécessaire, <2> ou bien est contingente, <3> ou bien est neutre pour lui. <1> Dans le premier cas, l'assentiment est causé de manière suffisante par les connaissances incomplexes des termes et la connaissance appréhensive du

complexi et a Deo tamquam a causa partiali sine omni activitate intellectus, quia positis istis necessario sequitur assensus in intellectu respectu talis propositionis.

Si secundo modo, tunc illa propositio aut est prima contingens vel sequitur ex prima evidenter. Si primo modo, tunc ille assensus causatur ex notitia incomplexa intuitiva terminorum et ex apprehensione illius complexi sufficienter sine omni alio, excepto Deo qui in omni actione concurrit sicut alibi patet diffuse. Si secundo modo, tunc assensus respectu secundae contingentis causatur ex notitia incomplexa terminorum suorum et apprehensione illius complexi et assensu respectu primae contingentis, quia ille assensus necessario requiritur ad causandum secundum assensum.

Si sit neutra vel dubia, tunc aut habetur aliqua propositio prior et evidentior ex qua tamquam ex medio potest necessario inferri – vel probabiliter vel sophistice – vel non. Si primo modo, tunc ad assentiendum propositioni neutrae alicui, requiritur notitia illius propositionis ex qua potest dictis modis inferri. Et tunc assensus respectu illius propositionis – <172> vel multarum si multae sint, ut in syllogismo – et notitia incomplexa terminorum propositionis neutrae et apprehensio illius propositionis sunt causae sufficientes ad causandum assensum

complexe <propositionnel>, et par Dieu comme par une cause partielle, sans aucune activité de l'intellect, parce que, lorsque ces <choses> sont posées, il en résulte nécessairement un assentiment dans l'intellect au regard d'une telle proposition.

Dans le second cas, la proposition <2.1> ou bien est une première contingente, <2.2> ou bien résulte avec évidence d'une première <contingente>. <2.1> Dans le premier cas, l'assentiment est causé de manière suffisante par la connaissance intuitive incomplexe des termes et par l'appréhension du complexe <propositionnel>, sans aucune autre <chose>, excepté Dieu qui concourt en toute action, comme il est manifeste ailleurs en détail. <2.2.> Dans le second cas, l'assentiment au regard de la seconde contingente est causé par la connaissance incomplexe de ses termes, l'appréhension du complexe <propositionnel> et l'assentiment au regard de la première contingente, parce que cet assentiment est nécessairement requis pour causer le second assentiment.

Si <la proposition> est neutre ou douteuse, alors <3.1> ou bien on possède une proposition antérieure et plus évidente à partir de laquelle, comme à partir d'un moyen, <la proposition neutre> peut être inférée de manière nécessaire – ou de manière probable ou de manière sophistique –, <3.2> ou bien <on ne possède> pas <une telle proposition antérieure>. <3.1> Dans le premier cas, pour donner l'assentiment à la proposition neutre, est requise la connaissance de cette proposition à partir de laquelle <la proposition neutre> peut être inférée selon les modes susmentionnés. Et alors l'assentiment au regard de cette proposition <antérieure> – <172> ou <au regard> de plusieurs <propositions>, s'il y en a plusieurs, comme dans un syllogisme –, la connaissance incomplexe des termes de la proposition neutre et l'appréhension de cette proposition sont causes suffisantes pour causer un assentiment

respectu illius propositionis neutrae, ut patet de notitia praemissarum necessariarum vel probabilium respectu conclusionis sequentis. Unde assensus evidens et certus respectu praemissarum causat cum aliis notitiis praedictis assensum necessarium evidentem respectu conclusionis sequentis. Assensus autem probabilis, qui est cum dubitatione sui oppositi, respectu praemissarum causat assensum similem respectu conclusionis. Et eodem modo dissensus respectu praemissarum potest causare dissensum respectu conclusionum.

Ex hoc patet quomodo aliquis aliquando assentit propositioni falsae et dissentit propositioni verae, aliquando e converso. Quia ex quo tali non assentit nisi virtute alterius propositionis vel multarum ex quibus infertur, aliquando assentit praemissae falsae tamquam verae, et hoc aliquando propter defectum alicuius causae necessario requisitae ad causandum dissensum respectu illius, et tunc ille assensus cum aliis notitiis causat sufficienter assensum respectu conclusionis falsae. Aliquando praemissae sunt verae quibus assentit et conclusio quae videtur sequi, et tamen non sequitur formaliter, est falsa. Et tunc conclusioni assentit quia credit eam sequi ex talibus praemissis, et tunc decipitur per fallaciam. Et tunc assensus respectu illius conclusionis causatur ex notitia praemissarum et ex illo assensu quo credit conclusionem talem sequi, quae [tamen] non sequitur. Eodem modo est dicendum si <173> dissentiat respectu

au regard de cette proposition neutre, comme il est manifeste dans le cas de la connaissance des prémisses nécessaires ou probables par rapport à la conclusion qui en résulte. Par conséquent, l'assentiment évident et certain au regard des prémisses cause, avec les autres connaissances susmentionnées, un assentiment nécessaire évident au regard de la conclusion qui en résulte. Quant à l'assentiment probable au regard des prémisses, lequel s'accompagne d'un doute relatif à son opposé, il cause un assentiment semblable au regard de la conclusion. Et de la même façon, le dissentiment au regard des prémisses peut causer un dissentiment au regard des conclusions.

À partir de ce <qui vient d'être dit> est manifeste comment quelqu'un donne parfois son assentiment à une proposition fausse et refuse son assentiment à une proposition vraie, parfois l'inverse : du fait qu'il ne donne son assentiment à une <proposition> qu'en vertu d'une ou plusieurs autres propositions à partir desquelles <celle-là> est inférée, il donne parfois son assentiment à une prémisse fausse comme si <elle était> vraie et ce, à cause du manque d'une cause nécessairement requise pour causer un dissentiment au regard de cette <prémisse> : et alors cet assentiment, avec les autres connaissances, cause de manière suffisante un assentiment au regard de la conclusion fausse. Parfois, les prémisses auxquelles il donne son assentiment sont vraies et la conclusion qui semble en résulter, et cependant n'en résulte pas formellement, est fausse. Et alors il donne son assentiment à la conclusion, parce qu'il croit qu'elle résulte de telles prémisses, et il est trompé par une fallacie : dans ce cas, l'assentiment au regard de la conclusion est causé par la connaissance des prémisses et par cet assentiment par lequel il croit qu'une telle conclusion en résulte, laquelle <cependant> n'en résulte pas. On doit dire la même chose s'il <173> refuse son assentiment au regard d'une

propositionis verae, quia hoc est vel quia dissentit respectu propositionis verae ex qua infertur, qui dissensus causatur propter defectum alicuius causae partialis necessario requisitae ad causandum assensum respectu illius, vel aliis modis diversis. Si assentiat propositioni verae et dissentiat propositioni falsae, assensus et dissensus respectu medii causant illum assensum et dissensum quo credit talem propositionem sequi ex medio quae sequitur ex eo.

Si autem propositio neutra non infertur ex aliquo medio, tunc aut est necessaria aut contingens. Si primo modo, – sicut sunt multa principia nota tantum per experientiam, sicut ista « calor est calefactivus » et similia –, tunc assensus respectu talis causatur ex notitia evidenti unius contingentis, puta « hic calor calefacit » et alia notitia evidenti propositionis cuiusdam per se notae, puta huius « omnes formae eiusdem rationis possunt habere effectus eiusdem rationis » et sic de aliis. Si sit contingens, tunc illi assentit intellectus aliquando propter auctoritatem, aliquando propter voluntatem quia vult credere. Si primo modo, assensus respectu auctoritatis causat assensum respectu illius propositionis. Si secundo modo, tunc volitio cum notitiis incomplexis et apprehensione complexi causat illum

proposition vraie, parce que cela se produit soit parce qu'il refuse son assentiment au regard d'une proposition vraie à partir de laquelle <celle-là> est inférée, lequel dissentiment est causé par le manque d'une cause partielle nécessairement requise pour causer un assentiment au regard de cette <proposition vraie>, soit de diverses autres façons. S'il donne son assentiment à une proposition vraie ou refuse son assentiment à une proposition fausse, l'assentiment ou le dissentiment au regard du moyen cause cet assentiment ou ce dissentiment par lequel il croit que telle proposition résulte du moyen, laquelle résulte <bien> de celui-ci.

Or, <3.2> si la proposition neutre n'est pas inférée à partir d'un moyen, elle est alors <3.2. 1> soit nécessaire, <3.2. 2> soit contingente. <3.2. 1> Dans le premier cas – comme c'est le cas pour de nombreux principes qui sont connus seulement par expérience, comme cette <proposition> : « la chaleur est calorifique », et des <propositions> semblables –, l'assentiment au regard d'une telle <proposition> est causé par la connaissance évidente d'une <proposition> contingente, par exemple : « cette chaleur chauffe », et <par> une autre connaissance évidente d'une certaine proposition connue par soi, par exemple <la connaissance évidente> de cette <proposition> : « toutes les formes de même nature peuvent avoir des effets de même nature » ; et il en va de même pour les autres <propositions de ce genre>. <3.2. 2> Si <la proposition> est contingente, alors l'intellect lui donne son assentiment <3.2. 2.1> parfois en vertu d'une autorité, <3.2. 2.2> parfois en vertu de la volonté, parce qu'il veut croire. <3.2. 2.1> Dans le premier cas, l'assentiment au regard de l'autorité cause l'assentiment au regard de la proposition <contingente>. <3.2. 2.2> Dans le second cas, la volition, avec les connaissances incomplexes et l'appréhension du complexe <propositionnel>, cause l'assen-

assensum. Et de similibus simile est iudicium, quia non potest certa regula dari quomodo causatur assensus vel dissensus respectu <174> omnium propositionum. Sed propter tales actus non oportet ponere intellectum activum in aliquo.

<175> Ad aliud dico quod universalia et intentiones secundae causantur naturaliter sine omni activitate intellectus vel voluntatis a notitiis incomplexis terminorum per istam viam. Quia primo cognosco aliqua singularia in particulari intuitive vel abstractive, et hoc causatur ab obiecto vel ab habitu derelicto ex primo actu. Et habita notitia, statim ad eius prae-sentiam – si non sit impedimentum – sequitur naturaliter alius actus, distinctus a primo, terminatus ad aliquod tale esse obiec-tivum quale prius vidi in esse subiectivo. Et ille actus secundus producit illa universalia et intentiones secundas et non prae-supponit eas. Exemplum : aliquis videns albedinem intuitive, vel duas albedines, abstrahit ab eis albedinem in communi ut est species. Quod non est aliud nisi quod illae duae notitiae

timent. Et de <propositions> semblables, il y a jugement semblable, car on ne peut pas donner une règle certaine <qui expliquerait> comment est causé l'assentiment ou le dissentiment au regard <174> de toutes les propositions. Mais pour des actes tels <que ceux qui ont été présentés>, il ne faut en aucun cas poser l'intellect actif.

<175> À l'autre <argument>, je dis que les universaux et les intentions secondes sont naturellement causés, sans aucune activité de l'intellect ou de la volonté, par les connaissances incomplexes des termes, selon cette voie : premièrement, je connais intuitivement ou abstractivement des singuliers en particulier, et cela est causé par l'objet ou par l'habitus qu'a laissé derrière lui le premier acte ; et lorsque je possède cette connaissance, aussitôt, en vertu de sa présence – s'il n'y a pas d'empêchement –, résulte naturellement un autre acte, distinct du premier, qui se termine à l'être objectif de cette <chose> que j'ai vue auparavant dans son être subjectif[1] ; et cet acte second produit les universaux et les intentions secondes et ne les présuppose pas. Exemple : quelqu'un qui voit intuitivement une blancheur, ou deux blancheurs, en abstrait une blancheur en commun, qui est l'espèce. <Dans ce cas>, il ne se produit pas autre <chose> que ceci : ces deux connaissances

---

1. L'être subjectif d'une chose est l'être que cette chose possède dans la réalité extramentale. Cet être est dit « subjectif » en ce sens que tout individu réel est soit « posé sous » des accidents dont il est le substrat ontologique (il s'agit alors d'une substance), soit inhérent à une substance dont il est une caractéristique contingente (il s'agit alors d'une qualité). Par contraste, l'être objectif d'une chose est l'être intramental que cette chose acquiert lorsqu'elle est saisie en un acte cognitif qui la constitue comme pur objet d'intellection : il s'agit en l'occurrence de l'être conceptuel en lequel une chose est représentée sous un mode universel. Dans son être objectif, la chose est intramentalement « posée devant » l'acte d'intellection dont elle est le terme.

incomplexae terminatae ad albedinem in singulari, sive intuitive sive abstractive, causant naturaliter – sicut ignis calorem –
unam tertiam notitiam distinctam ab illis quae producit talem
albedinem in esse obiectivo qualis fuit prius visa in esse
subiectivo sine omni activitate intellectus vel voluntatis quia
talia mere naturaliter causantur.

<180> Ad aliud dico quod ista attentio, conatus, intensio et
remissio in actu non possunt plus salvari per activitatem
intellectus quam sine ea. Quia intellectus, ut praecedit omnem
actum voluntatis quantum ad actum elicitum, est solum causa
naturalis si agat. Et ideo ceteris paribus, non est maior ratio
quare intellectus plus conatur, intendit vel remittit actum uno
tempore quam alio. Quia posito casu priori, semper ageret
secundum ultimum suae potentiae, quia [est] causa mere
naturalis, et per consequens aequaliter semper conaretur et
actum aeque intensum causaret. Ideo dico quod attentio,
conatus maior vel minor, intensio vel remissio in actu sunt
effective solum ab actu voluntatis, vel privative. Quia causata
intellectione in intellectu ab obiecto vel habitu vel cognitione
in sensu, vult voluntas illum actum continuari, vel vult illud
obiectum perfectius cognosci, vel tantum quantum <181>
potest cognosci, et ita [fiet si] volitio sit efficax. Et sic intelligit Augustinus quando dicit quod voluntas copulat[1]. Et non
aliter copulat quam modo hic dicto quo vult illud obiectum,
modis praedictis et aliis, cognoscere. Est attentio in actu

1. Augustin, *De Trinitate*, XI, 2 et XV, 27 (PL 42, 986, 1097; CCSL 50, 335, 532).

incomplexes qui se terminent <respectivement> à une blancheur en particulier, soit intuitivement, soit abstractivement, causent de manière naturelle – comme le feu <cause> la chaleur – une troisième connaissance, distincte de ces <deux premières>, laquelle produit dans l'être objectif cette <même> blancheur qui a été vue auparavant dans l'être subjectif, sans aucune activité de l'intellect ou de la volonté, parce que de telles <choses> sont causées de manière purement naturelle.

<180> À l'autre <argument>, je dis que l'attention, l'effort, l'intensification et le relâchement dans l'acte ne peuvent pas plus être expliqués par l'activité de l'intellect que sans elle, car l'intellect, en tant qu'il précède tout acte de la volonté quant à l'acte produit, est seulement une cause naturelle, s'il agit. Et c'est pourquoi, toutes autres <choses> étant égales, il n'y a pas de raison que l'intellect s'efforce davantage, intensifie ou relâche son acte, à un moment qu'à un autre, car, dans le cas ici posé, il agirait toujours selon le plus haut degré de sa puissance, parce qu'il est une cause purement naturelle, et, par conséquent, il s'efforcerait toujours de manière égale et causerait un acte également intense. C'est pourquoi je dis que l'attention, le plus ou moins grand effort, l'intensification ou le relâchement dans l'acte n'existent de manière effective que par l'acte de la volonté, ou de manière privative, car, lorsqu'une intellection est causée dans l'intellect par l'objet ou l'habitus, ou lorsqu'une connaissance <est causée> dans le sens, la volonté veut que cet acte se continue, ou veut que cet objet soit connu plus parfaitement, ou autant qu'il <181> puisse être connu, et cela <se produit si> la volition est efficace. Et c'est ce que pense Augustin quand il dit que la volonté unit. Et elle n'unit pas autrement que de la manière ici présentée, par laquelle elle veut connaître un objet, selon les façons susmentionnées et d'autres. Il y a attention dans l'acte,

et conatus et intensio in actu, quia secundum quod iste actus volendi fuerit perfectior vel imperfectior, dicetur conatus maior vel minor. Et ista volitio immediate cum obiecto vel habitu causat cognitionem perfectiorem quam causaret obiectum per se sine volitione. Ita quod obiectum, sensus vel intellectus, et volitio ista sunt causae partiales immediatae respectu actus intensioris in intellectu sive sensu. Et ille actus intensior, vel erit actus distinctus a priori causato tantum ab obiecto, et tunc prior corrumpitur quia in eadem potentia respectu eiusdem obiecti non possunt esse simul actus intensus et remissus. Vel erit idem et faciet unum cum actu remisso. Istud secundum est magis rationabile, quia aliter nullus actus idem manens posset intendi vel remitti quod videtur falsum, quia videtur quod actus uniformiter potest intendi sicut habitus. Et tunc est dicendum quod ille gradus cognitionis, quo actus prior intenditur, causatur tam ab obiecto quam ab actu volendi, et gradus praecedens tantum causatur ab obiecto. Quia non est imaginandum quod gradus praecedens tantum causatur <182> ab obiecto, et gradus intensus a volitione, quia sic non essent causae partiales respectu alicuius unius gradus. Sed est imaginandum quod obiectum potest aliquam cognitionem causare per se sine tali volitione, et post cum illa volitione potest causare aliquam cognitionem facientem per se unum cum cognitione praeexsistente quam non potest causare sine tali volitione. Quod autem aliqua talis cognitio causatur de novo quando actus intenditur patet per hoc quod talis actus transit de contradictorio in contradictorium, puta de non-

effort et intensification dans l'acte, parce que, selon que l'acte de vouloir aura été plus ou moins parfait, l'effort sera dit plus ou moins grand. Et la volition, immédiatement avec l'objet ou l'habitus, cause une connaissance plus parfaite que <celle que> causerait l'objet par soi sans volition, de sorte que l'objet, le sens ou l'intellect, et la volition sont causes partielles immédiates au regard de l'acte plus intense dans l'intellect ou dans le sens. Et cet acte plus intense ou bien sera un acte distinct de <l'acte> antérieur causé seulement par l'objet – et alors <l'acte> antérieur est détruit, car dans une même puissance <cognitive>, au regard d'un même objet, il ne peut pas y avoir en même temps un acte intense et un acte relâché –, ou bien <cet acte plus intense> sera le même et fera un avec l'acte relâché. Cette seconde <hypothèse> est plus raisonnable, car autrement aucun acte demeurant le même ne pourrait être intensifié ou être relâché, ce qui semble faux, car il semble qu'un acte puisse être intensifié de manière uniforme, comme un habitus. Et il faut dire alors que ce degré de connaissance, par lequel l'acte antérieur est intensifié, est causé tant par l'objet que par l'acte de vouloir, alors que le degré précédent est causé seulement par l'objet. Parce qu'il ne faut pas s'imaginer que le degré précédent est causé seulement <182> par l'objet et le degré intense par la volition, car ainsi <l'objet et la volition> ne seraient pas causes partielles au regard d'un degré. Mais on doit comprendre que l'objet par soi, sans volition, peut causer une connaissance, et ensuite, avec la volition, peut causer une connaissance qui par soi fait un avec la connaissance préexistante, <une nouvelle connaissance> que <l'objet> ne peut pas causer sans la volition. Or, il est manifeste qu'une telle connaissance est causée de nouveau quand l'acte est intensifié, parce que l'acte passe de contradictoire en contradictoire, à savoir <passe> du non-intense

intenso in intensum, quod non potest salvari sine nova causatione cognitionis.

Ex istis patet quod volitio potest esse causa immediata respectu cognitionis, tam sensitivae quam intellectivae, per propositionem frequenter acceptam quod effectus sufficienter dependet etc. Quia talis gradus intensus vel conatus vel attentio nullo modo potest causari sine actu voluntatis, sive ponantur potentiae illarum actionum activae sive passivae.

Patet etiam quod propter talia non debent potentiae praedictae poni activae, quia pluralitas non est ponenda sine necessitate. Nunc autem non apparet necessitas ponendi potentias activas propter praedicta, quia ponendo eas pure passivas possunt omnia praedicta salvari per actum voluntatis cum obiecto vel habitu, sicut patet ex praedictis.

<183> Patet etiam quid sit remissio in actu, quia est corruptio illius gradus intensi causati a volitione praedicto modo per suspensionem vel corruptionem illius volitionis quae requiritur necessario tam ad causationem illius gradus quam ad conservationem. Et per consequens illa corrupta, remanet solus gradus causatus ab obiecto, et tunc dicitur remissus sicut prius. Vel si remissio dicat aliquid de novo causatum, tunc non tantum corrumpitur ille gradus perfectus, sed generatur alius gradus imperfectus faciens unum cum primo gradu causato ab obiecto. Sed hoc erit tunc per novam volitionem quia, stante prima volitione, non

à l'intense, ce qui ne peut pas s'expliquer sans une nouvelle causation de la connaissance.

À partir de ce <qui vient d'être dit>, il est manifeste que la volition peut être cause immédiate au regard de la connaissance, tant sensitive qu'intellective, en vertu de la proposition fréquemment reçue <affirmant> que l'effet dépend de manière suffisante <de ses causes essentielles>, etc. Parce que le degré intense ou l'effort ou l'attention ne peut d'aucune façon être causé sans un acte de la volonté, que les puissances de ces actions soient posées actives ou passives.

Il est manifeste aussi que, pour que de telles <choses se produisent>, les puissances susmentionnées ne doivent pas être posées actives, car la pluralité ne doit pas être posée sans nécessité. Or, dans le cas présent, pour que <se produisent les choses> susmentionnées, il ne semble pas y avoir nécessité de poser les puissances actives, car en les posant purement passives, tout ce qui a été présenté peut être expliqué par l'acte de la volonté avec l'objet ou l'habitus, comme il est manifeste à partir de ce qui a été dit.

<183> Est aussi manifeste ce qu'est le relâchement dans l'acte, car il est la destruction de ce degré intense qui est causé par la volition, de la manière susmentionnée, <destruction> par suspension ou <par> destruction de cette volition qui est nécessairement requise tant pour causer ce degré <intense> que pour le conserver. Par conséquent, lorsque <la volition> est détruite, seul demeure le degré qui est causé par l'objet, et alors on le dit relâché, comme auparavant. Ou encore, si le relâchement signifie quelque chose qui est causé de nouveau, alors non seulement le degré parfait est détruit, mais un autre degré imparfait est engendré, lequel fait un avec le premier degré causé par l'objet. Mais cela se produira alors par une nouvelle volition, car lorsque la première volition a lieu, le

potest primus gradus intensus corrumpi. Sed prima via videtur probabilior quia vitat pluralitatem, licet utraque sit possibilis.

<188> Sed dubium est quomodo aliquis potest alicui propositioni assentire sine evidentia, quia actus assentiendi et evidentia in tali actu non distinguuntur ; patet inquirenti :

Respondeo quod assensus non distinguitur ab evidentia in actu quando sunt respectu eiusdem obiecti evidenter cogniti. Quia proprie loquendo de notitia, evidentia non est nisi notitia causata aliquo praedictorum trium modorum : vel ex terminis quocumque modo cognitis sicut in propositione per se nota, vel ex terminis intuitive cognitis sicut in propositione contingente evidenter nota, vel ex notitia praemissae vel praemissarum evidenter notarum, vel aliquo alio modo consimili. Et in omnibus istis patet quod evidentia in actu assentiendi non distinguitur ab ipso <189> actu, sed distinguitur sicut superius et inferius. Quia sequitur « evidenter assentit, igitur assentit » sed non e converso, quia aliquis potest naturaliter firmiter et certitudinaliter assentire alicui complexo sine omni evidentia. Verbi gratia, aliquis scit aliquam conclusionem demonstrare, et per consequens conclusioni firmiter et certitudinaliter assentit. Ponamus quod obliviscatur illius demonstrationis, ita quod nesciat eam post demonstrare. Iste adhuc ita firmiter assentit huic conclusioni sicut prius, quia

premier degré intense ne peut pas être détruit. Toutefois, la première voie semble plus probable, car elle évite la pluralité, bien que toutes deux soient possibles.

<188> Mais il y a un doute : comment quelqu'un peut donner son assentiment à une proposition sans évidence? Parce que l'acte de donner l'assentiment et l'évidence en un tel acte ne se distinguent pas, <comme> il est manifeste pour celui qui examine <cette question>.

Je réponds que l'assentiment ne se distingue pas de l'évidence dans l'acte quand ils sont au regard d'un même objet connu avec évidence, car, si l'on parle de la connaissance au sens propre, l'évidence n'est <rien d'autre> qu'une connaissance qui est causée selon une des trois façons susmentionnées : soit par des termes connus d'une quelconque façon, comme dans une proposition connue par soi, soit par des termes connus intuitivement, comme dans une proposition contingente connue avec évidence, soit par la connaissance d'une ou plusieurs prémisses connues avec évidence, soit d'une autre façon semblable. Et dans tous ces <cas>, il est manifeste que l'évidence dans l'acte de donner l'assentiment ne se distingue pas de <189> l'acte même, mais elle se distingue comme le supérieur et l'inférieur, parce que, <de la proposition> : « il donne son assentiment avec évidence », résulte <la proposition> : « donc, il donne son assentiment », mais non l'inverse, car quelqu'un peut fermement et avec certitude donner son assentiment de manière naturelle à un complexe <propositionnel> sans aucune évidence. Par exemple, quelqu'un sait démontrer une conclusion et, par conséquent, il donne fermement et avec certitude son assentiment à cette conclusion. Supposons qu'il oublie la démonstration, de sorte qu'il ne sait plus la démontrer : il donne encore aussi fermement qu'auparavant son assentiment à cette conclusion, car il

certitudinaliter cognoscit quod illam scivit demonstrare, et scit quod nihil est demonstrabile nisi verum. Igitur adhuc firmiter reputat istam conclusionem esse veram et sic certitudinaliter illi assentit sine omni evidentia actualiter habita.

<190> Ad aliud dico quod, quantumcumque ponatur intellectus activus, non potest plus reddi causa quare cognoscit unum obiectum habitualiter notum quam aliud, quia solum esset naturaliter activus et sic aequaliter, quantum est ex parte sua, cognoscit omne obiectum habitualiter notum. Ideo dico quod actus voluntatis est causa immediata quare plus cognoscitur unum tale obiectum et non aliud, quia scilicet voluntas vult unum cognosci et aliud non. Et posita ista volitione cum habitu inclinante sine omni activitate intellectus, causabitur intellectio illius obiecti. Et posita activitate intellectus sine omni actu volendi, non potest sufficienter reddi causa praedictae cognitionis. Et ita est in multis <191> argumentis quae probant activitatem intellectus, quod plus probant activitatem voluntatis quam intellectus, quia multa talia sine actu voluntatis non possunt salvari.

Per praedicta potest haberi occasio respondendi ad omnia argumenta quae probant activitatem intellectus. Tamen teneo oppositum propter auctoritates Sanctorum et philosophorum quae non possunt salvari sine activitate intellectus, sicut patet de intellectu agente, III *De anima*[1]. Quaere in hoc [commento] quomodo ponit intellectum agentem. Et ad hoc etiam sunt rationes probabiles, licet non concludant necessario.

1. Aristote, *De anima*, III, 5 (430 a 10-20).

sait avec certitude qu'il a su la démontrer, et il sait que rien n'est démontrable sinon le vrai. Donc, il croit encore fermement que cette conclusion est vraie, et ainsi il lui donne avec certitude son assentiment, alors qu'il ne possède actuellement aucune évidence.

<190> À l'autre <argument>, je dis que, aussi actif que soit posé l'intellect, on ne peut pas davantage expliquer pourquoi il connaît un objet connu en vertu d'un habitus plutôt qu'un autre, parce que, <s'il était actif>, il serait actif seulement de manière naturelle et, de cette façon, dans la mesure où on ne considère que lui, il connaît de manière égale tout objet connu en vertu d'un habitus. C'est pourquoi je dis que l'acte de la volonté est cause immédiate du fait qu'un objet est connu plutôt qu'un autre, parce que la volonté veut qu'un <objet> soit connu et non pas l'autre. Et lorsque la volition est posée, avec l'habitus qui incline, l'intellection d'un objet sera causée, sans aucune activité de l'intellect. Et lorsque l'activité de l'intellect est posée, sans aucun acte de vouloir, on ne peut pas expliquer de manière suffisante la connaissance susmentionnée. Et il en est ainsi pour de nombreux <191> arguments qui prouvent l'activité de l'intellect : ils prouvent davantage l'activité de la volonté que <celle> de l'intellect, car plusieurs <choses> telles <que celles qui ont été présentées> ne peuvent pas être expliquées sans un acte de la volonté.

Ce qui a été dit peut donner l'occasion de répondre à tous les arguments qui prouvent l'activité de l'intellect. Cependant, je tiens <la thèse> opposée en vertu des autorités des Saints et des philosophes, lesquelles ne peuvent pas être expliquées sans <poser> l'activité de l'intellect, comme il est manifeste dans le cas de l'intellect agent, au troisième <livre> *De l'âme*. Cherche dans ce <livre> comment <le Philosophe> pose un intellect agent. Et pour cela, il y a aussi des arguments probables, bien qu'ils ne concluent pas de manière nécessaire.

QUODLIBET I
QUAESTIO 13

<72> Quod non : Quia universale est primum et proprium obiectum intellectus, igitur primo cognoscitur primitate generationis.

Contra : Idem omnino est obiectum sensus et intellectus; sed singulare est primum obiectum sensus tali primitate; igitur etc.

Hic primo dandus est intellectus quaestionis; secundo, ad quaestionem.

Primus articulus

Circa primum sciendum quod hic accipitur « singulare » non pro omni illo quod est unum numero, quia sic quaelibet res est singularis, sed accipitur pro re quae est una numero et non est signum naturale vel voluntarium sive ad placitum commune multis, quo modo dictio scripta, conceptus et vox prolata significativa non sunt singularia, sed tantum res quae non est signum commune.

QUODLIBET I
QUESTION 13

SI LE PREMIER <OBJET> CONNU PAR L'INTELLECT,
SELON LA PRIMAUTÉ D'ENGENDREMENT, EST LE SINGULIER

<72> Non : parce que l'universel est l'objet premier et propre de l'intellect : donc, il est connu en premier selon la primauté d'engendrement.

En sens contraire : la même <chose> tout entière est l'objet du sens et de l'intellect ; or, le singulier est le premier objet du sens selon une telle primauté : donc, etc.

Ici, il faut premièrement donner le sens de la question ; deuxièmement, <il faut répondre> à la question.

<Premier article>

Relativement au premier <point>, il faut savoir que l'on prend ici « singulier » non pour tout ce qui est numériquement un, car en ce sens toute chose est singulière, mais on le prend pour la chose qui est numériquement une et n'est pas un signe, naturel ou volontaire ou conventionnel, commun à plusieurs <choses>, de sorte que le mot écrit, le concept et le son vocal significatif proféré ne sont pas des singuliers, mais seulement la chose qui n'est pas un signe commun.

Secundo sciendum quod non intelligitur ista quaestio de quacumque cognitione singularis, quia quaecumque cognitio universalis est cognitio singularis, quia nihil per talem cognitionem cognoscitur nisi singulare et singularia, tamen illa est cognitio communis. Sed intelligitur quaestio de cognitione propria et simplici singularis.

Secundus articulus. Conclusio 1

<73> Circa secundum, supposito quod quaestio intelligatur de cognitione propria singulari, dico tunc primo quod singulare praedicto modo acceptum cognitione sibi propria et simplici est primo cognitum.

Quod probatur, quia res extra animam quae non est signum tali cognitione primo intelligitur; sed omnis res extra animam est singularis; igitur etc. Praeterea obiectum praecedit actum proprium et primum primitate generationis; nihil autem praecedit talem actum nisi singulare; igitur etc.

Conclusio 2

Secundo dico quod cognitio simplex propria singulari et prima tali primitate est cognitio intuitiva. Quod autem ista cognitio sit prima patet, quia cognitio singularis abstractiva praesupponit intuitivam respectu eiusdem obiecti et non econverso. Quod autem sit propria singulari patet, quia immediate causatur a re singulari vel nata est causari, et non est nata causari ab alia re singulari etiam eiusdem speciei.

Deuxièmement, il faut savoir que cette question n'est pas comprise au sujet de toute connaissance du singulier, parce que toute connaissance de l'universel est connaissance du singulier – car rien n'est connu par une telle connaissance, sinon le singulier et les singuliers –, mais cependant cette connaissance est commune : or, la question est comprise au sujet de la connaissance propre et simple du singulier.

<Second article : première conclusion>

<73> Au sujet du second <point>, étant supposé que la question est comprise au sujet de la connaissance singulière propre, je dis alors, premièrement, que le singulier, compris au sens susmentionné, est connu en premier selon une connaissance simple et propre à lui.

Ce que l'on prouve <ainsi> : ce qui est intelligé en premier selon une telle connaissance, c'est la chose à l'extérieur de l'âme, laquelle n'est pas un signe ; or, toute chose à l'extérieur de l'âme est singulière : donc, etc. En outre, selon la primauté d'engendrement, l'objet précède l'acte propre et premier ; or, rien <d'autre> que le singulier ne précède un tel acte : donc, etc.

<Deuxième conclusion>

Deuxièmement, je dis que la connaissance simple propre au singulier et première selon une telle primauté est la connaissance intuitive. Que cette connaissance soit première, cela est manifeste, parce que la connaissance abstractive du singulier présuppose l'intuitive au regard du même objet, et non l'inverse. Qu'elle soit propre au singulier, cela est manifeste, parce qu'elle est immédiatement causée ou apte à être causée par une chose singulière, et elle n'est pas apte à être causée par une autre chose singulière, même de même espèce.

Conclusio 3

<74> Tertio dico quod cognitio prima abstractiva primitate generationis et simplex non est cognitio propria singulari sed est cognitio communis aliquando, immo semper.

Primum patet, quia non habetur cognitio propria simplex de aliquo singulari pro tempore pro quo non potest haberi cognitio eius specifica. Sed quandoque ita est, sicut patet de veniente a remotis, quod causat talem sensationem virtute cuius tantum possum iudicare quod illud visum est ens. Manifestum est quod in isto casu cognitio abstractiva quam habeo primo primitate generationis est cognitio entis et nullius inferioris; et per consequens non est conceptus specificus nec est conceptus proprius singularis.

Secundum assumptum patet, quia nulla cognitio abstractiva simplex est plus similitudo unius rei singularis quam alterius sibi simillimae, nec causatur a re nec nata est causari; igitur nulla talis est propria singulari sed quaelibet est universalis.

Dubium 1

Sed hic sunt aliqua dubia: primum est, quia videtur quod cognitio intuitiva non sit propria, quia quaecumque intuitiva detur, aequaliter assimilatur uni singulari sicut alteri simillimo et aequaliter repraesentat unum sicut alterum; igitur non plus videtur esse cognitio unius quam alterius.

<Troisième conclusion>

<74> Troisièmement, je dis que la première connaissance abstractive simple, selon la primauté d'engendrement, n'est pas une connaissance propre au singulier, mais est parfois une connaissance commune, bien plus toujours.

La première <caractéristique> est manifeste, car on n'a pas une connaissance propre et simple d'un singulier au moment où on ne peut pas avoir une connaissance spécifique de ce <singulier>. Or, il en est parfois ainsi, comme il est manifeste dans le cas d'une <chose> qui vient au loin : elle cause une sensation en vertu de laquelle je peux seulement juger que ce qui est vu est un étant. Dans ce cas, il est manifeste que la connaissance abstractive que j'ai en premier, selon la primauté d'engendrement, est une connaissance de l'étant et d'aucune <chose> inférieure : par conséquent, <cette connaissance> n'est pas un concept spécifique ni un concept propre du singulier.

La seconde caractéristique est manifeste, car aucune connaissance abstractive simple n'est davantage la similitude d'une chose singulière que d'une autre qui lui est maximalement semblable, et <la connaissance abstractive simple> n'est pas causée ni apte à être causée par une chose : donc, aucune <connaissance> de ce genre n'est propre au singulier, mais toute <connaissance de ce genre> est universelle.

<Premier doute>

Mais il y a ici quelques doutes. Le premier est <le suivant> : il semble que la connaissance intuitive ne soit pas propre, car, quelle que soit l'intuitive qui est admise, elle est faite semblable aussi bien à un singulier qu'à un autre maximalement semblable et elle représente aussi bien l'un que l'autre : donc, elle ne semble pas être davantage connaissance de l'un que de l'autre.

Dubium 2

<75> Secundum dubium est, quia si prima abstractiva sit aliquando cognitio et conceptus entis, sicut dicis de veniente a remotis, igitur eodem modo prima intuitiva in eodem casu erit cognitio communis entis; quia impossibile est quod eiusdem rei sint plures conceptus simplices proprii. Sed de uno veniente a remotis possum habere unam visionem per quam tantum iudico illud esse ens, aliam per quam iudico illud esse animal, tertiam per quam iudico illud esse hominem, quartam per quam iudico illud esse Sortem. Sed istae visiones sunt alterius rationis, igitur omnes istae non possunt esse cognitiones propriae illius singularis visi.

Dubium 3

Tertium est, quia videtur quod prima abstractiva sit propria, maxime quando obiectum est debito modo approximatum, quia per primam abstractivam possum recordari de eadem re prius visa; quod non posset fieri nisi haberem abstractivam propriam.

Dubium 4

Quartum est, quia secundum iam dicta videtur quod conceptus generis potest abstrahi ab uno individuo, puta conceptus animalis, sicut patet de veniente a remotis quando habeo talem visionem per quam iudico illud visum esse animal.

<Second doute>

<75> Le second doute est <le suivant> : si la première abstractive est parfois une connaissance et un concept de l'étant, comme tu l'affirmes dans le cas d'une <chose> qui vient au loin, alors, de la même façon, dans le même cas, la première intuitive sera une connaissance commune de l'étant, car il est impossible que, d'une même chose, il y ait plusieurs concepts simples propres ; or, d'une <chose> qui vient au loin, je peux avoir une vision par laquelle je juge seulement que cela est un étant, une autre <vision> par laquelle je juge que cela est un animal, une troisième par laquelle je juge que cela est un homme, une quatrième par laquelle je juge que cela est Socrate ; or, ces visions sont de nature différente : donc, aucune d'entre elles ne peut être une connaissance propre de ce singulier qui est vu.

<Troisième doute>

Le troisième <doute> est <le suivant> : il semble que la première abstractive soit propre, surtout quand l'objet est approché de manière appropriée, car, par la première abstractive, je peux me souvenir de la même chose que j'ai vue auparavant, ce qui ne pourrait pas se produire si je n'avais pas une abstractive propre.

<Quatrième doute>

Le quatrième <doute> est <le suivant> : selon ce qui a été dit auparavant, il semble que le concept du genre peut être abstrait d'un <seul> individu, par exemple le concept d'animal, comme il est manifeste dans le cas d'une <chose> qui vient au loin, quand j'ai cette vision par laquelle je juge que ce qui est vu est un animal.

Ad dubium 1

<76> Ad primum istorum dico quod intuitiva est propria cognitio singularis, non propter maiorem assimilationem uni quam alteri, sed quia naturaliter ab uno et non ab altero causatur, nec potest ab altero causari.

Si dicis, potest causari a solo Deo : verum est, sed semper nata est talis visio causari ab uno obiecto creato et non ab alio; et si causetur naturaliter, causatur ab uno et non ab alio, nec potest [ab altero] causari. Unde propter similitudinem non plus dicitur intuitiva propria cognitio singularis quam abstractiva prima, sed solum propter causalitatem, nec alia causa potest assignari.

Ad dubium 2

Ad secundum dubium dico quod aliquando illae visiones sunt eiusdem speciei et solum differunt sicut magis perfectum et minus perfectum in eadem specie; puta si videatur aliquid compositum ex partibus eiusdem rationis in quo non essent plura accidentia sensibilia a visu, tunc per approximationem illius visibilis, puta albi, intenditur visio et fit clarior; et secundum hoc potest causari diversum et diversum iudicium quod tale visum est ens vel corpus vel color vel albedo etc.

Si dicis : illa differunt specie quae non possunt causare effectum eiusdem speciei; sed visio clara et obscura sunt huiusmodi; igitur etc.

<Solution du premier doute>

<76> Au premier de ces <doutes>, je dis que l'intuitive est une connaissance propre du singulier, non pas en vertu d'une plus grande assimilation à un <singulier> qu'à un autre, mais parce qu'elle est naturellement causée par un <singulier> et non par un autre, et elle ne peut pas être causée par un autre.

Si tu dis : elle peut être causée par Dieu seul, <je réponds> : c'est vrai, mais une telle vision est toujours apte à être causée par un objet créé et non par un autre, et si elle est naturellement causée, elle est causée par un <objet singulier> et non par un autre, et elle ne peut pas être causée <par un autre>. Par conséquent, ce n'est pas en vertu de la similitude que l'on dit que l'intuitive est davantage connaissance propre du singulier que la première abstractive, mais seulement en vertu de la causalité ; et on ne peut pas assigner une autre cause.

<Solution du deuxième doute>

Au second doute, je dis que ces visions sont parfois de même espèce et diffèrent seulement comme le plus parfait et le moins parfait dans une même espèce. Par exemple, si l'on voit quelque chose qui est composé de parties de même nature, <quelque chose> en quoi il n'y a pas plusieurs accidents sensibles par la vue, alors en approchant de cette <chose> visible, par exemple une <chose> blanche, la vision s'intensifie et devient plus claire : et cela fait que divers jugements peuvent être causés, <par exemple> que cette <chose> vue est un étant, ou un corps, ou une couleur, ou une blancheur, etc.

Si tu dis : des <choses> qui ne peuvent pas causer un effet de même espèce diffèrent selon l'espèce ; or, la vision claire et <la vision> obscure sont de ce genre : donc, etc.

Responsio : dico quod causae, quandocumque auctae et intensae non possunt causare effectum eiusdem speciei, differunt <77> specie et aliter non. Nunc autem ista visio aucta et intensa potest in omnem effectum in quem potest visio clara; et per consequens sunt eiusdem speciei.

Aliquando tamen visio clara et obscura sunt alterius speciei, puta quando diversa obiecta videntur; puta si videatur scutum diversis coloribus coloratum secundum maiorem et minorem approximationem. Sed istae visiones non sunt eiusdem obiecti sed diversorum.

Ad dubium 3

Ad tertium dico quod videndo aliquid, habeo aliquam cognitionem abstractivam propriam, sed illa non erit simplex sed composita ex simplicibus. Et illa notitia composita est principium recordationis, quia per hoc recordor de Sorte, quia vidi eum sic figuratum, coloratum, talis longitudinis, latitudinis, et in tali loco; et per istum conceptum compositum recordor me vidisse Sortem. Sed si circumscribas omnes conceptus simplices praeter unum, non plus recordaris de Sorte per illum quam de aliquo homine sibi simillimo. Bene possum recordari me vidisse, sed utrum sit Sortes vel Plato nescio. Et ideo cognitio abstractiva simplex non est propria singulari, sed composita bene potest esse propria.

Réponse : je dis que, lorsque des causes accrues et intenses ne peuvent pas causer un effet de même espèce, elles diffèrent <77> selon l'espèce, et autrement non ; or, dans le cas présent, la vision accrue et intense peut <causer> tout effet que peut <causer> la vision claire : par conséquent, elles sont de même espèce.

Parfois cependant la vision claire et <la vision> obscure sont d'une espèce différente, à savoir quand divers objets sont vus, par exemple, quand on voit un bouclier coloré de diverses couleurs selon une distance plus ou moins grande : mais ces visions ne sont pas d'un même objet, mais de divers <objets>.

<Solution du troisième doute>

Au troisième <doute>, je dis que, lorsque je vois quelque chose, j'ai une connaissance abstractive propre, mais celle-ci ne sera pas simple mais composée de <connaissances> simples. Et cette connaissance composée est le principe du souvenir, car par lui je me souviens de Socrate, parce que je l'ai vu étant de telle figure, de telle couleur, de telle longueur, de telle largeur et en tel lieu. Et par ce concept composé, je me souviens avoir vu Socrate. Mais si tu écartes tous les concepts simples sauf un, par ce <concept> tu ne te souviens pas davantage de Socrate que d'un homme maximalement semblable à lui ; je peux bien me souvenir avoir vu, mais j'ignore si c'est Socrate ou Platon. Et c'est pourquoi la connaissance abstractive simple n'est pas propre au singulier, mais <la connaissance abstractive> composée peut très bien être propre.

Ad dubium 4

Ad quartum dico quod conceptus generis numquam abstrahitur ab uno individuo. Et ad illud de veniente a remotis dico quod iudico illud esse animal quia prius habeo conceptum animalis, <78> qui conceptus est genus; et ideo per illum conceptum ducor in notitiam recordativam. Unde si prius non haberem conceptum generis animalis, nihil iudicarem nisi quod illud visum esset aliquid.

Et si quaeras quae notitia abstractiva primo habetur mediante intuitiva, respondeo : aliquando conceptus entis tantum, aliquando conceptus generis, aliquando conceptus speciei specialissimae, secundum quod obiectum est magis vel minus remotum. Semper tamen imprimitur conceptus entis, quia quando obiectum est debito modo approximatum, simul causatur a re singulari extra conceptus specificus et conceptus entis.

Ad principale dico quod universale est primum obiectum primitate adaequationis, non autem primitate generationis.

<Solution du quatrième doute>

Au quatrième <doute>, je dis que le concept du genre n'est jamais abstrait d'un seul individu. Et concernant ce cas d'une <chose> qui vient au loin, je dis que je juge que cela est un animal parce que j'ai auparavant le concept d'animal, <78> lequel concept est un genre : et c'est pourquoi, par ce concept, je suis conduit à une connaissance recordative. Par conséquent, si je n'avais pas auparavant le concept du genre animal, je ne jugerais rien, sinon que ce qui est vu est quelque chose.

Et si tu demandes : quelle connaissance abstractive on a en premier par la médiation de l'intuitive ? Je réponds : parfois le concept d'étant seulement, parfois le concept du genre, parfois le concept de l'espèce spécialissime, selon que l'objet est plus ou moins éloigné. Cependant, le concept d'étant est toujours imprimé, car lorsque l'objet est approché de manière appropriée, le concept spécifique et le concept d'étant sont causés en même temps par la chose singulière <qui est> à l'extérieur <de l'âme>.

À <l'argument> principal, je dis que l'universel est le premier objet <de l'intellect> selon la primauté d'adéquation, mais pas selon la primauté d'engendrement.

QUODLIBET I
QUAESTIO 14

Utrum intellectus noster pro statu isto cognoscat actus suos intuitive

Quod non : Quia nihil [1] cognoscitur ab intellectu nisi quod prius fuit sub sensu; sed intellectiones numquam fuerunt sub sensu; igitur etc.

Contra : Notitia abstractiva praesupponit intuitivam; sed [2] cognitiones intellectuales cognoscuntur abstractive; igitur cognoscuntur intuitive.

Ad quaestionem

<79> Ad quaestionem dico quod sic. Quia de cognitione intellectus et volitione formatur prima propositio contingens quae evidenter cognoscitur ab intellectu, puta talis « intellectio est, volitio est »; aut igitur mediante cognitione intuitiva intellectionis aut abstractiva. Si primo modo, habetur propositum; non secundo modo, quia abstractiva abstrahit ab existentia actuali.

---

1. *Cf.* Aristote, *De sensu et sensato*, c. 6 (445 b 16-17).
2. *Cf.* Scotus, *Opus Oxon.*, IV, d. 45, q. 3, n. 17 (ed. Vivès, XX, p. 348).

QUODLIBET I
QUESTION 14

SI NOTRE INTELLECT, DANS L'ÉTAT PRÉSENT,
CONNAÎT INTUITIVEMENT SES ACTES

Non : parce que rien n'est connu par l'intellect, sinon ce qui a d'abord été sous le sens ; or, les intellections n'ont jamais été sous le sens : donc, etc.

En sens contraire : la connaissance abstractive présuppose l'intuitive ; or, les connaissances intellectuelles sont connues abstractivement : donc, elles sont connues intuitivement

<Réponse à la question>

<79> À cette question, je réponds par l'affirmative. Car une première proposition contingente est formée au sujet d'une connaissance de l'intellect et d'une volition, <proposition> qui est connue avec évidence par l'intellect, par exemple celle-ci : « une intellection existe » <ou> « une volition existe ». Donc, ou bien <cette proposition est connue avec évidence> par la médiation d'une connaissance intuitive de l'intellection, ou bien <elle est connue avec évidence par la médiation d'une connaissance> abstractive. Dans le premier cas, on a <la thèse> proposée ; ce n'est pas le second cas, car l'abstractive abstrait de l'existence actuelle.

Item cognitio experimentalis non est sine notitia intuitiva; sed aliquis carens omni notitia intuitiva sensitiva experitur cognitionem intellectualem; igitur etc.

<82> Ad principale dico quod Philosophus dicit quod nihil eorum quae sunt extra intelligitur nisi prius sit sub sensu; et illa sunt solum sensibilia per eum. Et de illis vera est auctoritas, de spiritualibus autem non.

De même, la connaissance expérimentale n'existe pas sans connaissance intuitive; or, quelqu'un qui est privé de toute connaissance intuitive sensitive fait l'expérience d'une connaissance intellectuelle : donc, etc.

<82> À <l'argument> principal, je dis que le Philosophe affirme que, parmi ces <choses> qui sont à l'extérieur <de l'âme>, rien n'est intelligé s'il n'est d'abord sous le sens. Et selon lui, ces <choses> sont seulement les <choses> sensibles et, s'agissant de celles-ci, l'autorité est vraie, mais <elle n'est> pas <vraie> des <choses> spirituelles.

QUODLIBET I
QUAESTIO 15

UTRUM INTELLECTUS NOSTER PRO STATU ISTO
COGNOSCAT INTUITIVE SENSIBILIA

<83>Quod non: Quia visio sensitiva sufficit cum cognitione abstractiva ad cognoscendum sensibilia; igitur visio intuitiva intellectiva superfluit.

Contra: Quidquid perfectionis potest sensus potest etiam intellectus; sed hoc est perfectionis sensus; igitur etc.

Ad quaestionem

Ad istam quaestionem dico quod sic; quia intellectus cognoscit evidenter propositionem primam contingentem de sensibilibus; igitur habet notitiam incomplexam sufficientem ad causandum notitiam illam complexam evidenter; sed abstractiva sensibilium non sufficit; igitur etc.

QUODLIBET I
QUESTION 15

Si NOTRE INTELLECT, DANS L'ÉTAT PRÉSENT,
CONNAÎT INTUITIVEMENT LES <CHOSES> SENSIBLES

<83> Non : car la vision sensitive suffit, avec la connaissance abstractive, pour connaître les <choses> sensibles : donc, la vision intuitive intellective est superflue.

En sens contraire : l'intellect est capable de toute perfection dont le sens est capable ; or, cela relève d'une perfection du sens : donc, etc.

<Réponse à la question>

À cette question, je réponds par l'affirmative. Car l'intellect connaît avec évidence une première proposition contingente au sujet des <choses> sensibles : il a donc une connaissance incomplexe qui suffit pour causer cette connaissance complexe avec évidence ; or, une <connaissance> abstractive des <choses> sensibles ne suffit pas : donc, etc.

Ad argumenta septem in oppositum
  Ad argumentum 1

Ad primum in oppositum dico quod tenendo animam sensitivam esse eamdem formam cum intellectiva, non est dicendum <84> quod visio sensitiva recipitur in anima intellectiva, sed recipitur in corpore vel in aliqua potentia derivata ab anima in corpore. Si enim reciperetur in anima intellectiva, anima separata, per potentiam Dei saltem, posset habere in se omnem sensationem quinque sensuum; quod non videtur verum. (…)

Si autem sint diversae formae, sicut credo quod sunt, tunc dico quod visio sensitiva non sufficit ad causandum assensum propositionis contingentis, quamvis sufficiat ad causandum actum in appetitu sensitivo; quia non est simile, eo quod eadem forma tunc esset subiectum sensationis et actus appetendi. (…)

  Ad argumentum 2

Ad aliud dico quod differentia inter visionem sensitivam et intellectivam innotescit nobis partim per rationem partim per experientiam : per experientiam, quia puer videt sensibiliter et <85> non intellectualiter; per rationem etiam, quia anima separata potest habere visionem intellectivam, non sensitivam.

<Réponse à sept arguments en sens opposé :
   réponse au premier argument> [1]

Au premier <argument> en sens opposé, je dis que, si l'on tient que l'âme sensitive est la même forme que l'intellective, on ne doit pas affirmer <84> que la vision sensitive est reçue dans l'âme intellective, mais elle est reçue dans le corps ou dans une puissance dérivée de l'âme dans le corps. En effet, si elle était reçue dans l'âme intellective, l'âme séparée, du moins par la puissance de Dieu, pourrait avoir en soi toute sensation des cinq sens, ce qui ne semble pas vrai. (…)

Or, si <l'âme sensitive et l'âme intellective> sont des formes distinctes, comme je crois qu'elles sont, alors je dis que la vision sensitive ne suffit pas pour causer l'assentiment à une proposition contingente, bien qu'elle suffise pour causer un acte dans l'appétit sensitif, car ce n'est pas pareil, parce que, dans ce cas, la même forme serait le sujet de la sensation et de l'acte de désirer. (…)

<Réponse au second argument>

À l'autre <argument>, je dis que nous connaissons la différence entre la vision sensitive et <la vision> intellective en partie par un argument, en partie par l'expérience : par l'expérience, parce qu'un enfant voit de manière sensible et <85> non de manière intellectuelle ; par un argument aussi, parce que l'âme séparée peut avoir une vision intellective, non sensitive.

---

1. Ces arguments en sens opposé sont avancés par Gauthier Chatton : cf. *Reportatio*, I, Prol., q. 2, a. 4 (éd. O'Callaghan, p. 251-254).

Ad argumentum 3

Ad aliud dico quod intellectus separatus habet talem visionem, quia aliter anima separata non posset habere notitiam sensibilium. Similiter angelus potest habere talem notitiam, igitur et anima separata.

Ad argumentum 6

<86> Ad aliud dico quod visio sensitiva est causa partialis visionis intellectivae; sed non est causa partialis actus assentiendi sine visione media, quia notitia complexa praesupponit notitiam incomplexam in eodem subiecto. Sicut voluntas non potest in actum suum nisi praecedat cognitio in intellectu, quantumcumque sit notitia intuitiva in sensu. (…)

Ad principale dico quod visio sensitiva non sufficit, sed requiritur visio intellectualis.

<Réponse au troisième argument>

À l'autre <argument>, je dis que l'intellect séparé a une telle vision, car autrement l'âme séparée ne pourrait pas avoir une connaissance des <choses> sensibles. Pareillement, l'ange peut avoir une telle connaissance, donc l'âme séparée aussi.

<Réponse au sixième argument>

<86> À l'autre <argument>, je dis que la vision sensitive est cause partielle de la vision intellective, mais elle n'est pas, sans vision intermédiaire, cause partielle de l'acte de donner l'assentiment, parce que la connaissance complexe présuppose une connaissance incomplexe dans le même sujet <cognitif>[1], tout comme la volonté ne peut <causer> son acte que si précède une connaissance dans l'intellect, aussi présente que soit la connaissance intuitive dans le sens. (…)

À <l'argument> principal, je dis que la vision sensitive ne suffit pas, mais la vision intellectuelle est requise.

---

1. Le sujet dont il est ici question est l'âme, forme substantielle, en tant qu'elle tient lieu de substrat pour les connaissances. En vertu de la thèse de la pluralité des formes substantielles, à laquelle il adhère, Ockham considère que l'âme intellective et l'âme sensitive sont deux sujets réellement distincts.

QUODLIBET V
QUAESTIO 5

Utrum cognitio intuitiva
et abstractiva differant

<495> Quod non : Quia pluralitas non est ponenda sine necessitate; sed eadem notitia secundum substantiam potest dici intuitiva quando res est praesens, eo quod intuitiva connotat praesentiam rei, et abstractiva quando res est absens; igitur etc.

Contra : Propositio contingens potest cognosci evidenter ab intellectu, puta « haec albedo est »; et non per cognitionem abstractivam, quia illa abstrahit ab existentia; igitur per intuitivam; igitur differunt realiter.

Ad quaestionem

<496> Conclusio istius quaestionis est certa, et potest probari per separabilitatem istorum actuum.

QUODLIBET V
QUESTION 5

SI LA CONNAISSANCE INTUITIVE ET <LA CONNAISSANCE> ABSTRACTIVE DIFFÈRENT

<495> Non : parce que la pluralité ne doit pas être posée sans nécessité ; or, la même connaissance, selon sa substance, peut être dite intuitive quand la chose est présente – parce que l'intuitive connote la présence de la chose – et abstractive quand la chose est absente : donc, etc.

En sens contraire : une proposition contingente peut être connue avec évidence par l'intellect, par exemple : « cette blancheur existe » ; or, <elle n'est> pas <connue avec évidence> par une connaissance abstractive, car celle-ci abstrait de l'existence ; donc, <elle est connue avec évidence> par une <connaissance> intuitive : par conséquent, <l'intuitive et l'abstractive> diffèrent réellement.

<Réponse à la question>

<496> La conclusion de cette question est certaine et on peut la prouver par la séparabilité de ces actes <que sont les connaissances intuitive et abstractive>.

Sed quomodo differunt est dubium. Et dico ad praesens quod dupliciter differunt : uno modo, per hoc quod per notitiam intuitivam assentitur primo contingenti, et per abstractivam non; alio modo, per hoc quod per notitiam intuitivam non tantum iudico rem esse quando est, sed etiam non esse quando non est; per abstractivam neutro modo iudico.

Secundum est manifestum. Probo primum, quia licet sit inconveniens quod eadem notitia sit causa totalis unius iudicii et iudicii contrarii respectu eiusdem passi, tamen non est inconveniens quod sit causa partialis unius iudicii quando res existit, et similiter causa partialis iudicii contrarii quando res non existit; et sic est in proposito.

Praeterea Deus per eamdem notitiam videt rem esse quando est et non esse quando non est; igitur ita potest esse in proposito sine repugnantia.

Instantia 1

Sed contra : hoc dato, sequitur quod Deus non posset causare in nobis unum actum cognoscendi per quem apparet nobis res esse praesens quae est absens;

Mais <à savoir> comment elles diffèrent, il y a un doute. Et je dis à présent qu'elles diffèrent doublement : d'une <première> façon, <elles diffèrent> en ce que l'on donne son assentiment à une première <proposition> contingente par la connaissance intuitive, mais non par l'abstractive ; d'une autre façon, <elles diffèrent> en ce que, par la connaissance intuitive, non seulement je juge qu'une chose existe, quand elle existe, mais aussi qu'elle n'existe pas, quand elle n'existe pas ; par l'abstractive, je ne juge selon aucun de ces deux modes.

La seconde <affirmation>[1] est manifeste. Je prouve la première <affirmation[2] de la manière suivante> : bien qu'il soit inconvenant qu'une même connaissance soit cause totale de deux jugements contraires au regard d'une même matière, il n'est cependant pas inconvenant qu'elle soit cause partielle d'un jugement, quand la chose existe, et pareillement cause partielle du jugement contraire, quand la chose n'existe pas : et il en est ainsi pour <la thèse ici> proposée.

En outre, par la même connaissance, Dieu voit qu'une chose existe, quand elle existe, et qu'elle n'existe pas, quand elle n'existe pas : il peut donc en être ainsi pour <la thèse ici> proposée, sans répugnance.

<Première objection>[3]

Mais en sens contraire : cela étant admis, il s'ensuit que Dieu ne pourrait pas causer en nous un acte de connaître par lequel une chose qui est absente nous apparaît être présente :

---

1. La seconde est celle qui affirme l'impossibilité d'un quelconque jugement d'existence par la connaissance abstractive.

2. La première est celle qui affirme la possibilité de juger de l'existence ou de la non-existence d'une chose par la connaissance intuitive.

3. *Cf.* Gauthier Chatton, *Reportatio*, I, Prol., q. 2, a. 3 (éd. O'Callaghan, p. 246-247).

quod falsum est, cum hoc non includat contradictionem.
Assumptum probatur, quia illa cognitio non est intuitiva per te,
quia per illam apparet res esse quando est et non esse quando
non est; nec abstractiva, quia per illam non apparet res esse
praesens.

Instantia 2

<497> Praeterea quod convenit actui secundum substan-
tiam actus, si substantia eius maneat eadem, quocumque alio
posito, adhuc ipsum potest sibi convenire; sed substantia
visionis manet eadem, re non existente, per potentiam
divinam; igitur non repugnat sibi saltem partialiter causare
talem assensum qualem prius causavit re existente, et per
consequens hoc potest sibi competere.

Instantia 3

Praeterea hoc dato, sequitur quod visio posset esse, et
tamen per illam nec apparet rem esse nec non esse; consequens est contra te. Assumptum probatur per illud principium
commune : ubi quodlibet aliquorum convenit alicui contin-

ce qui est faux, puisque cela n'inclut pas de contradiction. La supposition est prouvée <de la manière suivante> : cette connaissance[1] n'est pas intuitive, selon toi, car par la <connaissance intuitive> une chose apparaît exister, quand elle existe, et ne pas exister, quand elle n'existe pas; <cette connaissance n'est pas> non plus abstractive, car par la <connaissance abstractive> une chose n'apparaît pas être présente.

<Deuxième objection>[2]

<497> En outre, ce qui convient à un acte selon sa substance, si celle-ci demeure la même, même si quelque autre <chose> est posée, cela même <qui lui convient> peut encore lui convenir; or, par la puissance divine, la substance de la vision demeure la même lorsque la chose n'existe pas : donc, il ne lui répugne pas, du moins partiellement, de causer un assentiment semblable à celui qu'elle a causé auparavant lorsque la chose existait et, par conséquent, cela peut lui convenir.

<Troisième objection>[3]

En outre, cela étant admis, il s'ensuit que la vision pourrait exister et cependant, par elle, il n'apparaîtrait ni que la chose existe, ni qu'elle n'existe pas : le conséquent est contre toi. La supposition est prouvée par ce principe commun : là où une <chose> quelconque convient à une <autre chose> de manière

---

1. Il s'agit de cet acte de connaître divinement causé dont il vient tout juste d'être question, à savoir celui par lequel une chose qui est absente nous apparaît être présente.
2. *Cf.* Gauthier Chatton, *loc. cit.*
3. *Ibid.*

genter, si non sit contradictio, Deus potest facere ipsum sine omnibus simul; sic enim probatur potissime materiam posse esse sine omni forma; sed virtute visionis aliquis potest aliquando scire rem esse, et aliquando scire rem non esse; igitur non est contradictio quod neutrum sibi conveniat.

Instantia 4

Praeterea hoc dato, non posset Deus causare assensum evidentem respectu huius contingentis « haec albedo est » albedine non existente, quia visio albedinis causat assensum evidentem respectu huius « haec albedo non est », et intellectus non videtur assentire oppositis; igitur etc.

Ad instantiam 1

<498> Ad primum istorum dico quod Deus non potest causare in nobis cognitionem talem per quam evidenter apparet nobis rem esse praesentem quando est absens, quia hoc includit contradictionem. Nam cognitio evidens importat quod ita sit in re sicut denotatur per propositionem cui fit assensus; et per consequens cum cognitio evidens huius propositionis « res est praesens » importat rem esse praesentem, oportet quod res sit praesens, aliter non erit cognitio evidens, et tu ponis quod sit absens; et ita ex illa positione cum cognitione evidenti sequitur manifesta contra-

contingente, s'il n'y a pas contradiction, Dieu peut produire cette dernière sans aucune <autre chose> en même temps – c'est de cette façon, en effet, que l'on prouve de préférence que la matière peut exister sans aucune forme; or, en vertu d'une vision, quelqu'un peut parfois savoir qu'une chose existe, et parfois savoir qu'une chose n'existe pas : donc, il n'y a pas contradiction à ce qu'aucun des deux <jugements> ne lui convienne.

<Quatrième objection>

En outre, cela étant admis, Dieu ne pourrait pas causer un assentiment évident au regard de cette <proposition> contingente : « cette blancheur existe », lorsque la blancheur n'existe pas, car la vision de la blancheur cause un assentiment évident au regard de cette <proposition> : « cette blancheur n'existe pas », et l'intellect ne semble pas donner son assentiment à des opposés : donc, etc.

<Réponse à la première objection>

<498> À la première de ces <objections>, je dis que Dieu ne peut pas causer en nous une connaissance de cette sorte, par laquelle il nous apparaît avec évidence qu'une chose est présente quand elle est absente, car cela inclut contradiction, parce que la connaissance évidente implique que la proposition pour laquelle est produit l'assentiment désigne vraiment ce qui est dans la réalité. Par conséquent, puisque la connaissance évidente de cette proposition : « une chose est présente » implique que la chose soit présente, il faut que la chose soit présente, autrement il n'y aura pas connaissance évidente. Or, tu supposes que <la chose> est absente, et ainsi, de cette supposition et de la connaissance évidente résulte une contra-

dictio, scilicet quod res sit praesens et non sit praesens; et ideo Deus non potest causare talem cognitionem evidentem.

Tamen Deus potest causare actum creditivum per quem credo rem esse praesentem quae est absens. Et dico quod illa cognitio creditiva erit abstractiva, non intuitiva; et per talem actum fidei potest apparere res esse praesens quando est absens, non tamen per actum evidentem.

Ad instantiam 2

Ad aliud, concedo quod si per potentiam divinam visio rei maneat re non existente, non repugnat sibi causare partialiter talem assensum si omnes aliae causae requisitae concurrant. Tamen repugnat sibi causare talem assensum totaliter et partialiter sine aliis causis; et ita cum existentia rei sit causa partialis illius assensus evidentis, impossibile est quod causetur naturaliter sine existentia rei.

Ad instantiam 3

<499> Ad aliud, concedo illud principium et conclusionem et totam deductionem, quia non est contradictio quod visio rei sit et tamen quod per illam visionem nec iudicem rem esse nec non esse, quia Deus potest facere visionem sine omni tali assensu; sed per naturam non potest hoc fieri.

diction manifeste, à savoir qu'une chose est présente et n'est pas présente. C'est pourquoi Dieu ne peut pas causer une telle connaissance évidente.

Cependant, Dieu peut causer un acte créditif par lequel je crois qu'une chose qui est absente est présente. Et je dis que cette connaissance créditive sera abstractive, non intuitive. Et par un tel acte de foi, une chose peut apparaître être présente quand elle est absente, mais pas cependant par un acte évident.

<Réponse à la seconde objection>

À l'autre <objection>, je concède que si, par la puissance divine, la vision d'une chose demeure lorsque cette chose n'existe pas, il ne lui répugne pas de causer partiellement un tel assentiment, <par lequel on juge que la chose existe>, si toutes les autres causes requises concourent. Cependant, il lui répugne de causer totalement ou partiellement un tel assentiment, <par lequel on juge que la chose existe>, sans les autres causes. Par conséquent, puisque l'existence de la chose est cause partielle de cet assentiment évident <par lequel on juge que la chose existe>, il est impossible qu'il soit naturellement causé sans l'existence de la chose.

<Réponse à la troisième objection>

<499> À l'autre <objection>, je concède le principe, la conclusion et la déduction tout entière, car il n'y a pas contradiction à ce qu'il y ait une vision d'une chose et cependant que, par cette vision, je ne juge ni que cette chose existe, ni qu'elle n'existe pas, parce que Dieu peut produire une vision sans aucun assentiment de ce genre. Mais cela ne peut pas se produire selon la nature.

Ad instantiam 4

Ad ultimum dico quod Deus non potest facere assensum evidentem huius contingentis « haec albedo est » quando albedo non est, propter contradictionem quae sequitur. Quia assensus evidens denotat sic esse in re sicut importatur per propositionem cui fit assensus; sed per istam propositionem « haec albedo est » importatur quod albedo sit, et per consequens si sit assensus evidens, haec albedo est, et positum est quod haec albedo non sit; et ita hypothesis cum notitia evidenti includit manifeste contradictionem, scilicet quod albedo sit et non sit. Concedo tamen quod Deus potest facere assensum eiusdem speciei cum illo assensu evidenti respectu huius contingentis « haec albedo est » quando albedo non est; sed ille assensus non est evidens, quia non est ita in re sicut importatur per propositionem cui fit assensus.

Et si dicis : Deus potest facere assensum evidentem huius contingentis mediante existentia rei sicut mediante causa secunda; igitur potest hoc facere se solo :

Respondeo quod hic est fallacia figurae dictionis, sicut hic : Deus potest facere actum meritorium mediante voluntate <500> creata, igitur potest hoc facere se solo. Et hoc est propter diversam connotationem hinc inde.

Ad argumentum principale dico quod necessitas est ponendi differentiam inter illas notitias.

<Réponse à la quatrième objection>

À la dernière <objection>, je dis que Dieu ne peut pas produire un assentiment évident à cette <proposition> contingente : « cette blancheur existe », quand cette blancheur n'existe pas, à cause de la contradiction qui en résulte. Car l'assentiment évident signifie qu'il en est vraiment dans la réalité tel que l'affirme la proposition pour laquelle est produit l'assentiment ; or, par cette proposition : « cette blancheur existe », on affirme que cette blancheur existe et, par conséquent, si l'assentiment est évident, cette blancheur existe. Or, on suppose que cette blancheur n'existe pas, et ainsi, cette hypothèse, avec la connaissance évidente, inclut manifestement une contradiction, à savoir que cette blancheur existe et n'existe pas. Cependant, je concède que Dieu peut produire un assentiment de même espèce que l'assentiment évident au regard de cette <proposition> contingente : « cette blancheur existe », quand cette blancheur n'existe pas, mais cet assentiment n'est pas évident, car il n'en est pas dans la réalité tel que l'affirme la proposition pour laquelle est produit l'assentiment.

Et si tu dis : Dieu peut produire un assentiment évident à cette <proposition> contingente par la médiation de l'existence de la chose comme par la médiation d'une cause seconde : donc, il peut le produire par lui seul.

Je réponds : il y a ici une fallacie de la figure du discours, tout comme dans le cas suivant : Dieu peut produire un acte méritoire par la médiation de la volonté <500> créée : donc, il peut le produire par lui seul. Et cette <fallacie> se produit à cause d'un changement de connotation d'un endroit à l'autre.

À l'argument principal, je dis qu'il y a nécessité de poser une différence entre ces connaissances <que sont l'intuitive et l'abstractive>.

QUODLIBET VI
QUAESTIO 6

UTRUM COGNITIO INTUITIVA POSSIT ESSE
DE OBIECTO NON EXISTENTE

<604> Quod non : Quia contradictio est quod visio sit et nihil videatur; igitur contradictio est quod visio sit et obiectum visum non sit.

Contra : Visio est qualitas absoluta distincta ab obiecto; igitur potest sine contradictione fieri sine obiecto.

Ad quaestionem. Conclusio 1

In ista quaestione pono duas conclusiones : prima est quod cognitio intuitiva potest esse per potentiam divinam de obiecto non existente. Quod probo primo per articulum fidei[1] : « Credo in Deum Patrem omnipotentem ». Quem sic intelligo quod quodlibet est divinae potentiae attribuendum quod non includit manifestam contradictionem; sed istud fieri a Deo non includit contradictionem; igitur etc.

---

1. Cf. *Symbolum Apostolicum* (H. Denzinger, *Enchiridion Symbolorum*, ed. 36a, n. 12).

QUODLIBET VI
QUESTION 6

S'IL PEUT Y AVOIR UNE CONNAISSANCE INTUITIVE
D'UN OBJET NON-EXISTANT

<604> Non : car il y a contradiction à ce qu'il y ait une vision et rien ne soit vu : donc, il y a contradiction à ce qu'il y ait une vision et l'objet vu n'existe pas.

En sens contraire : la vision est une qualité absolue distincte de l'objet : donc, sans contradiction, elle peut être produite sans objet.

<Réponse à la question : première conclusion>

Pour cette question, je pose deux conclusions : la première est qu'il peut y avoir connaissance intuitive d'un objet non-existant, par la puissance divine. Ce que je prouve d'abord par l'article de foi : « Je crois en Dieu le Père tout-puissant », <article> que je comprends de la manière suivante : tout ce qui n'inclut pas de contradiction manifeste doit être attribué à la puissance divine ; or, que cela soit fait par Dieu n'inclut pas de contradiction : donc, etc.

Praeterea in illo articulo fundatur illa propositio famosa theologorum « quidquid Deus producit mediantibus causis <605> secundis, potest immediate sine illis producere et conservare ». Ex ista propositione arguo sic : omnem effectum quem potest Deus mediante causa secunda, potest immediate per se ; sed in notitiam intuitivam corporalem potest mediante obiecto ; igitur potest in eam immediate per se.

Praeterea omnis res absoluta distincta loco et subiecto ab alia re absoluta potest per divinam potentiam existere, alia re absoluta destructa ; sed visio stellae in caelo tam sensitiva quam intellectiva est huiusmodi ; igitur etc.

Et si dicis quod secundum istam rationem sequitur quod Deus posset videri intuitive et beatifice, non exhibita sua praesentia actuali in ratione obiecti actualiter praesentis ipsi intellectui, quod falsum est et erroneum :

Respondeo quod hic non est aliqua habitudo, arguendo quod quia Deus potest facere talem visionem sine obiecto creato, a quo non dependet nisi tamquam a causa secunda, igitur Deus potest videri intuitive et beatifice, non exhibita sua praesentia actuali in ratione obiecti actualiter praesentis ipsi intellectui, a quo obiecto dependet illa visio sicut a causa prima. Nam quamvis secundum doctores Deus potest facere effectus proprios causarum secundarum sine illis causis secundis, non tamen potest aliquem effectum facere sine causa

En outre, en cet article est fondée cette proposition fameuse des théologiens : « tout ce que Dieu produit par la médiation des causes <605> secondes, il peut immédiatement le produire et le conserver sans elles ». À partir de cette proposition, j'argumente ainsi : Dieu peut <produire> immédiatement par lui-même tout effet qu'il peut <produire> par la médiation d'une cause seconde ; or, il peut <produire> une connaissance intuitive corporelle par la médiation d'un objet : donc, il peut la <produire> immédiatement par lui-même.

En outre, toute chose absolue qui est distincte selon le lieu et le sujet[1] d'une autre chose absolue peut, par la puissance divine, exister lorsque l'autre chose absolue est détruite ; or, la vision d'une étoile dans le ciel, tant sensitive qu'intellective, est de ce genre : donc, etc.

Et si tu dis : de cet argument résulte que Dieu pourrait être vu intuitivement et avec béatitude, alors qu'il ne se montre pas en sa présence actuelle à titre d'objet actuellement présent à l'intellect, ce qui est faux et erroné.

Je réponds : il n'y a pas de rapport ici, quand on raisonne <de cette façon> : parce que Dieu peut produire une telle vision sans objet créé, <objet> dont <cette vision> ne dépend que comme d'une cause seconde, Dieu, donc, peut être vu intuitivement et avec béatitude, alors qu'il ne se montre pas en sa présence actuelle à titre d'objet actuellement présent à l'intellect, objet dont cette vision dépend comme d'une cause première. Car, bien que, selon les docteurs, Dieu puisse produire les effets propres des causes secondes sans ces causes secondes, il ne peut cependant pas produire un effet sans cause

---

1. Il s'agit ici du substrat réel qu'est la substance, laquelle, puisqu'elle est ontologiquement « posée sous » les accidents, leur tient lieu de sujet.

prima. Unde sicut non est <606> possibile quod color causet effective visionem suam in oculo nisi sit actualiter praesens, ita non est possibile quod Deus causet visionem sui in intellectu nisi exhibita sua actuali praesentia.

Conclusio 2

Secunda conclusio est quod naturaliter cognitio intuitiva non potest causari nec conservari, obiecto non existente. Cuius ratio est quia effectus realis nec potest conservari nec produci de non esse ad esse ab illo quod nihil est, et per consequens naturaliter loquendo requirit tam causam producentem quam conservantem existere.

Et si dicis : si quis videat solem et post intret obscurum locum, apparet sibi quod videt solem in eodem situ et eadem magnitudine ; igitur visio solis remanet ipso absente, et eadem ratione remaneret ipso non existente :

Respondeo : non manet visio solis, sed manet aliqua qualitas, puta lux impressa oculo, et illa qualitas videtur. Et si intellectus formet talem propositionem « lux videtur in eodem situ etc. » et sibi assentiat, decipitur propter illam qualitatem impressam visam.

Ad argumentum principale dico quod contradictio est quod visio sit, et tamen quod illud quod videtur <607> non sit in effectu nec esse possit. Ideo contradictio est quod chimaera

première. Par conséquent, tout comme il n'est pas <606> possible que la couleur cause sa vision dans l'œil de manière effective, sauf si elle est actuellement présente, de même il n'est pas possible que Dieu cause une vision de lui-même dans l'intellect, sauf s'il se montre en sa présence actuelle.

<Deuxième conclusion>

La seconde conclusion est que, de manière naturelle, une connaissance intuitive ne peut ni être causée ni être conservée lorsque son objet n'existe pas. La raison en est qu'un effet réel ne peut ni être conservé ni être produit du non-être à l'être par ce qui n'est rien et, par conséquent, en parlant selon la nature, <l'effet> requiert l'existence de la cause qui le produit et le conserve.

Et si tu dis : si quelqu'un voit le soleil et ensuite entre dans un lieu obscur, il lui apparaît qu'il voit le soleil à la même position et selon la même intensité : donc, la vision du soleil demeure alors qu'il est absent et, pour la même raison, elle demeurerait s'il n'existait pas.

Je réponds : ce n'est pas la vision du soleil qui demeure, mais une qualité, à savoir la lumière imprimée dans l'œil, et c'est cette qualité qui est vue. Et si l'intellect forme cette proposition : « un corps lumineux est vu à la même position, etc. », et lui donne son assentiment, il est trompé par cette qualité imprimée qui est vue.

À l'argument principal, je dis qu'il y a contradiction à ce qu'il y ait une vision et cependant que ce qui est vu <607> n'existe pas de manière effective, ni ne puisse exister. C'est pourquoi il y a contradiction à ce qu'une chimère soit

videatur intuitive, sed non est contradictio quod illud quod videtur nihil sit in actu extra causam suam, dummodo possit esse in effectu vel aliquando fuit in rerum natura. Et sic est in proposito. Unde Deus ab aeterno vidit omnes res factibiles, et tamen tunc nihil fuerunt.

vue intuitivement, mais il n'y a pas contradiction à ce que ce qui est vu ne soit rien en acte à l'extérieur de sa cause, pourvu qu'il puisse exister de manière effective ou qu'il ait existé à un certain moment dans la réalité naturelle. Et il en est ainsi pour <la thèse ici> proposée. Par conséquent, de toute éternité Dieu a vu toutes les choses faisables, et cependant elles n'étaient alors rien du tout.

QUAESTIONES IN LIBROS
PHYSICORUM ARISTOTELIS
QUAESTIO 7

UTRUM CONCEPTUS PROPRIUS SINGULARIS
SIT COGNITIO PROPRIA

<410> Quod non : Quia conceptus proprius repraesentat tantum unum, quia est tantum similitudo unius; sed cognitio propria multa simillima repraesentat; ergo etc.

<411> Contra : Conceptus non est species, nec habitus, nec res extra; ergo etc.

Responsio auctoris

Ad istam quaestionem dico breviter quod sic : quia conceptus communis est cognitio confusa, ergo conceptus proprius est cognitio propria; consequentia patet ex proportione.

Sed dubium de modo ponendi [actum] intelligendi esse conceptum. Respondeo : iste est modus ponendi : intellectus

SI LE CONCEPT PROPRE D'UN SINGULIER
EST UNE CONNAISSANCE PROPRE

<410> Non : car le concept propre représente seulement une <chose>, parce qu'il est seulement similitude d'une <chose>; or, la connaissance propre représente plusieurs <choses> maximalement semblables : donc, etc.

<411> En sens contraire : le concept n'est pas une espèce, ni un habitus, ni une chose à l'extérieur <de l'âme> : donc, etc.

<Réponse de l'auteur>

À cette question, je réponds brièvement par l'affirmative : car le concept commun est une connaissance confuse, donc le concept propre est une connaissance propre : la conséquence est manifeste en vertu de la proportion.

Mais <il y a> un doute au sujet de la façon de poser que <l'acte> d'intelliger est un concept. Je réponds : la façon de le poser est la suivante : l'intellect qui appré-

apprehendens intuitione rem singularem elicit unam cognitionem intuitivam in se quae est tantum cognitio illius rei
singularis, potens ex natura sua supponere pro illa re singulari.
Nam sicut haec vox « Sortes » supponit pro illa re quam
significat, – ita quod audiens istam vocem « Sortes currit »,
non concipit quod haec vox « Sortes » currit quam audit, sed
quod res significata per illam vocem currit –, ita [qui] videt et
intelligit aliquid affirmari de illa intellectione rei singularis,
non concipiet illam intellectionem esse talem vel talem, sed
concipiet ipsam rem cuius est esse talem vel talem. Et ita sicut
vox supponit ex institutione pro suo significato, ita ista intellectio supponit naturaliter pro re cuius est. Sed praeter intellectionem rei singularis format sibi intellectus alias intellectiones
quae non magis sunt istius rei quam alterius, sicut haec vox
« homo » non magis significat Sortem quam Platonem et ita
non magis supponit pro Sorte quam pro Platone. Ita illa
intellectione non magis intelligitur Sortes quam Plato, et sic de
omnibus hominibus. Et ita est in intellectu aliqua cognitio qua
non magis cognoscitur hoc animal [quam illud animal], et sic
de singulis.

Et si quaeras a quibus causatur intellectio talis,
respondeo : cognitio propria singularis et cognitio specifica
aeque intuitive et aeque primo causantur simul ab obiecto,

hende par intuition une chose singulière produit une connaissance intuitive en soi qui est seulement connaissance de cette chose singulière, <une connaissance> qui peut de par sa nature supposer pour cette chose singulière. Car, tout comme ce son vocal : « Socrate » suppose pour cette chose qu'il signifie – de sorte que celui qui entend ce son vocal : « Socrate court » ne conçoit pas que ce son vocal : « Socrate », qu'il entend, court, mais que la chose signifiée par ce son vocal court –, de même celui qui voit et comprend qu'on affirme quelque chose de l'intellection d'une chose singulière ne concevra pas que cette intellection est telle ou telle, mais concevra que la chose même dont il y a <intellection> est telle ou telle. Et ainsi, tout comme le son vocal suppose par institution pour son signifié, de même l'intellection <d'une chose singulière> suppose naturellement pour la chose dont elle est <l'intellection>. Mais en plus de l'intellection d'une chose singulière, l'intellect se forme d'autres intellections qui ne sont pas plus de cette chose <singulière> que d'une autre : <en effet>, tout comme ce son vocal : « homme » ne signifie pas plus Socrate que Platon et, par conséquent, ne suppose pas plus pour Socrate que pour Platon, de même, par cette intellection : <« homme »>, on n'intellige pas plus Socrate que Platon, et pareillement pour tous les hommes. Et de la même façon, il y a dans l'intellect une connaissance par laquelle on ne connaît pas plus cet animal <singulier que cet autre animal>, et pareillement pour chaque singulier.

Et si tu demandes : par quoi est causée une telle intellection ? Je réponds : la connaissance propre d'un singulier et la connaissance spécifique sont causées en même temps par

et cognitio generis causatur <412> in mente ab individuis alterius et alterius speciei, et hoc simul cum cognitionibus propriis eorum. (…)

Ad argumentum principale dico quod cognitio intuitiva propria tantum repraesentat unum, sicut alias declaratum est.

l'objet, également de manière intuitive et également en premier, alors que la connaissance d'un genre est causée <412> dans l'esprit par des individus de deux espèces différentes et ce, en même temps que leurs connaissances propres. (...)

À l'argument principal, je dis que la connaissance intuitive propre représente seulement une <chose>, comme on l'a expliqué ailleurs.

INDEX NOMINUM*

*Les auteurs apparaissent suivant l'ordre alphabétique de leur prénom, à l'exclusion des références à Guillaume d'Ockham. Les chiffres en italique renvoient aux notes infrapaginales.

TABLE DES MATIÈRES

ACHEVÉ D'IMPRIMER
EN DÉCEMBRE 2005
PAR L'IMPRIMERIE
DE LA MANUTENTION
A MAYENNE
FRANCE
N° 343-05

Dépôt légal : 4ᵉ trimestre 2005